LIBRARIES NI
WITHDRAWN FROM STOCK

FILLEANN SEOIRSE

LIBRARIES NI
WITHDRAWN FROM STOCK

An Chéad Eagrán 2011
© Éilis Ní Anluain 2011

ISBN 1 898332 59 6

Gach ceart ar cosnamh. Ní ceadmhach aon chuid den
fhoilseachán seo a atáirgeadh, a chur i gcomhad athfhála,
ná a tharchur ar aon mhodh ná slí, bíodh sin leictreonach,
meicniúil, bunaithe ar fhótachóipeáil, ar thaifeadadh nó eile,
gan cead a fháil roimh ré ón bhfoilsitheoir.

Clóchur agus dearadh: Caomhán Ó Scolaí
Clódóireacht: Clódóirí Lurgan

Tá an t-údar buíoch de Chlár na Leabhar Gaeilge
as an sparántacht a bhronn siad uirthi agus í i mbun pinn.

Foras na Gaeilge

*Tugann Foras na Gaeilge
tacaíocht do Leabhar Breac*

*Tugann an Chomhairle Ealaíon
tacaíocht do Leabhar Breac*

Leabhar Breac, Indreabhán, Co. na Gaillimhe.
www.leabharbreac.com

Filleann Seoirse

Éilis Ní Anluain

LEABHAR
BREAC

Illum absens absentem auditque videque.
Ina éagmais chuala sí agus chonaic sí fós é.

—*An Aeinéid*, Veirgil

Tús an Scéil

An Chéad Dinnéar

San Aibreán a thug sé cuairt orainn den chéad uair. É féin agus a chailín.

'Tá cuireadh tugtha agam dóibh chun dinnéir,' arsa Muiris.

'Cé dóibh?' arsa mise, ag socrú lusa an chromchinn i vása ar an mbord.

'Do Sheoirse agus Mharina,' ar seisean go neafaiseach.

'An bheirt sin?'

'Sea.'

'Cén uair?'

'Anocht.'

'Anocht? Cothrom lá ár bpósta agus is le do chairdese atá muid lenár mbéile a chaitheamh.'

'Nár dhúirt mé leat go gcuirfinn glaoch orthu, tar éis gur dhúirt tú nach mbíonn aon chuairteoirí againn?'

Seoirse agus Marina. Cairde le Muiris. Beirt ar nós muid féin a casadh ar a chéile sa choláiste. Ní raibh aon tnúth agam lena gcuairt ach dhéanfainn dinnéar deas agus chuirfinn an t-éadach geal agus na coinnleoirí práis ar an mbord sa seomra suí. Ní raibh mé ag réiteach rómhaith le Muiris, ach rud eile ba ea ócáid le lucht féachana. Muiris agus na leanaí agus an teach mar charachtair agam ar stáitse, páirt na mná céile agam féin agus mé ag stiúradh an dráma chomh maith. Gach gné den léiriú ag teacht le chéile, leagan amach an troscáin, míreanna an bhéile, ár gcuid éadaigh fiú. Nuair a bhí slacht ar an áit agus orainn féin an lá cinniúnach sin, thoilíos dul ar siúlóid. Bhí eolas agam ar an stráice duilleog-ach sin den bhaile idir an tSráid Mhór agus an fharraige, mar gurb ann a bhí cónaí orainn sna blianta tosaigh, ach le tamall anois bhíodh Muiris ag caint ar bhóithre galánta a d'fheiceadh sé ar a bhealach chun na scoile, agus a thait-neodh liom, a deireadh sé, mar gheall ar a gcosúlacht leis an gceantar inar tógadh mé, agus taobh leo sin, bóithre eile a chuir ceartlár na tuaithe i gcuimhne dó. Ar an ard mór a éiríonn aníos ar an taobh thall den abhainn a bhí ár dtriall. Ar an mbealach, chonaic muid eaglais mhaorga d'eibhear gearrtha, tithe aonair a raibh ballaí caisealacha den eibhear céanna thart orthu agus ainmneacha orthu a mhúscail suim ionam, 'Ard Soluis', 'Ard na Gréine' agus 'Cambrae'. Bhí mo sháith agam d'iontais ansin agus fonn orm aghaidh a thabhairt ar an mbaile.

'B'fhéidir,' arsa mise, 'go bhfuil a dhóthain den siúl ag Art.'

'Níl,' arsa an buachaill beag.

'Is fiú an dua,' arsa Muiris, 'an radharc ón mbarr ar fad.'

Leanamar orainn suas, ach bhí mífhoighid ag teacht ormsa nó gur aimsigh muid thíos fúinn, an abhainn agus an tsraith aolgheal a raibh an teach sin againne ina lár. Teach dhá stór, dhá sheomra thuas agus dhá sheomra thíos. Chuimhnigh mé ar lá earraigh eile trí bliana roimhe sin nuair a rinneamar siúlóid suas an cnoc taobh leis an bhfarraige — ní raibh muid i bhfad ar an mbaile ag an am — agus go bhfaca muid thíos fúinn an teach a raibh árasán againn ann. San íoslach a bhí muid agus is iad muintir an tí a bhí ar na hurláir eile, Esmé, Johnny agus a scata leanaí. Trí bliana a bhí muid ansin ar shleasa íochtaracha an chnoic, go bhfuair muid ár dteach beag féin a raibh muid ag breathnú síos air anois. Thíos fúinn díreach a bhí an abhainn, ciumhais chaol dhorcha ar imeall má tuile, páirc fhada a raibh fál crann idir í agus an bóthar a raibh tithe ar thaobh amháin de. Ar aghaidh bhun na páirce a bhí an teach sin againne, i lár na sraithe ab fhaide ón mbaile.

'Is dóigh liom,' arsa Muiris ansin go tobann, 'go bhfuil muid gann ar fhíon.'

Thit mo chroí. Ní raibh aon bhaint aige le fíon ach leis an mbealach nach raibh tugtha faoi deara ag Muiris mé a bheith éirithe smaointeach, séimh. Seans ligthe amú aige, nó b'shin a bhraitheas. Cuid de mhíréasún na hóige ba ea an díomá sin a thagadh orm nuair nach n-aithneofaí mo mhian gan é a iarraidh. Díomá nach fiú dom díomá a thabhairt air anois, ní raibh mé lena ligean tharam an lá sin.

'Tá's agat nach dtiocfaidh tú ar bhuidéal fíona Luan Cásca agus na siopaí dúnta.'

'Rachaidh mé amach liom féin ar ball lena aghaidh.'

'Má théann, is sa phub a cheannóidh tú é agus íocfaidh tú a dhá oiread air.'

Thosaigh Art ag caoineadh.

'An bhfágfaidh muid mar sin é?,' arsa Muiris gan aon ghus ina ghlór.

'Is róchuma liom faoi do chairde, ach má tá cuireadh tugtha agat dóibh, caithfidh muid teacht ar fhíon.'

'Ceart go leor,' ar seisean.

'Agus cén comhrá a shíleann tú a dhéanfaidh mé leo, beirt mhac léinn gan chúram?'

'Ara stop,' arsa Muiris, 'ní gá duit ach a bheith ann. Nó gan a bheith ann.'

D'fhágas mar sin é. Ar an droichead thug mé faoi deara an ghrian ag ísliú sa spéir agus an abhainn ina ribín lasta ag leathnú amach romhainn. Ar an aibhinne a shíneann taobh léi chomh fada leis an teach shuigh mé tamall liom féin ar bhinse. Thugas faoi deara bláthanna na gcrann cnó capaill ag tuirlingt mar a bheadh calóga sneachta agus, pé racht a tháinig orm ar ball, b'fhacthas dom ansin gur ar bhláthanna a bhí mé ag smaoineamh. Na lusanna cromchinn a bhí curtha ar an mbord agam, d'aistreoinn go crúiscín eile iad, an ceann a thug Seoirse agus Marina dúinn lá ár bpósta.

Art romham ar an tolg, brící daite lego mórthimpeall air agus a dhá chois trasna ar a chéile aige. An tine lasta ag Muiris, é ag teacht anuas an staighre agus an leanbh curtha a luí aige. Chuir a aghaidh as dom. Ní raibh aon daingne ann. Bhí a bhéal beagáinín ar oscailt, leathmheang-adh air agus a shúile gan a bheith socair. Cúig bliana fichead ach ba dhealraitheach é le buachaill óg nach raibh an saol feicthe aige. Ní raibh aon mhailís ann ach ní raibh aon mheidhir ann ach an oiread. Gáire gan bhrí ba ea é, a tháinig eadrainn mar go bhfaca mise ann léiriú ar sheandeacracht, an easpa máistreachta a bhí aige orm. Ach bhí bord le leagan. Le cois an éadaigh ghil agus na gcoinnleoirí práis, bhí naipcíní le filleadh agus le socrú i lachain bheaga adhmaid, bronntanas eile pósta, a thug chun soiléireachta an t-údar a bhí leis an doicheall a bhí orm roimh na cuairteoirí. B'fhéidir nár dhúirt sé amach díreach é, ach bhraitheas i gcónaí go rabhadar beagáinín amhrasach fúm mar pháirtí ag a gcara caoin Muiris. Ní raibh ann ach bliain, ach ní raibh siad feicthe againn ó lá na bainise. Ar bhileog cheangail leabhair a thugadar mar bhronntanas dúinn in éineacht leis an gcrúiscín, bhí 'Epithalamium', scríofa ag Seoirse, agus an focal *schwärmerei* aige ann le cur síos caolchúiseach a dhéanamh ar an bhfuadar a bhraith sé a bhí faoin bpósadh.

Naprún fada bán orm agus mé cruógach sa chistin, ag séathlú ríse le haghaidh mhairteoil stroganoff, ag greadadh uachtair le haghaidh meireang, agus mé tosaithe ar iarnáil nuair a bhuail cloigín an dorais. Suas síos go mall liom ar mhuinchille léine go gcloisfinn an chaint.

'Tá an-bhrón orainn faoina bheith chomh mall,' arsa Marina.

Níor chuala mé i gceart an leithscéal ná an scéal fada a bhí aici. Samhlaíodh dom an bheirt eile ag breathnú ar a chéile gur stop sí.

'Mmm,' arsa Seoirse. 'Tine mhóna. Nach aoibhinn an áit í seo, suite ar imeall na tuaithe.' D'éist mé tamall leis an gcomhrá.

'Seo é go díreach,' arsa Marina, 'an cineál tí ar shamhlaigh mé sibh ann, seanteach le ballaí tiubha aolbhána agus péint ar na fuinneoga, dubhuaine atá siad nach ea?'

'Sea,' arsa Muiris.

'Agus plean maith,' ar sise, 'teacht isteach díreach sa seomra agus gan spás a chur amú le halla, ach cá bhfuil an staighre?'

'Trasna an tí a théann sé,' arsa Muiris, 'idir an dá sheomra, agus ag a bhun tá spás beag idir an seomra seo agus an chistin.'

Nuair ba léir dom go raibh siad suite chun boird ní dhearna mé aon mhoill ach isteach liom leis na plátaí.

'Tá an-bhrón orainn go bhfuil muid chomh mall,' arsa Marina arís.

'Anois díreach,' arsa mise, 'a bhí muid réidh.' Turas nó dhó eile chun na cistine agus gach seans go raibh mé i mo shuí sular bheannaigh mé dóibh. Muiris agus mé féin ag dhá cheann an bhoird a bhí in aghaidh an bhalla agus na cuairteoirí eadrainn agus a gcúl leis an bhfuinneog, ise taobh le Muiris, Art beag eatarthu, agus Seoirse taobh liomsa. Bhí an comhrá stadach tamall agus muid cruinn cuachta ag ithe. Rinneadh athrá ina phíosaí ar an gcomhrá a shíleadar nach raibh cloiste agamsa.

'Bhí siúlóid aoibhinn againn ón traein,' arsa Seoirse. 'Bhí sé ag éirí dorcha, ach d'airíomar an dúlra thart orainn.'

'Bhí siúlóid dheas againn féin ar ball,' arsa mise, 'taobh thuas den abhainn.'

Bhreathnaigh Art orm. An raibh ligthe i ndearmad agam mar a thosaigh sé ag caoineadh agus muid amuigh, nó b'shin a bhraitheas a bhí sé ag rá, agus nár thaitin sé leis gur tarraingíodh é féin isteach sa scéal nuair ba mise a bhí ag iarraidh dul abhaile. Agus míshuaimhneas ag teacht orm dá bharr, lean mé orm ag caint, ag dul thar fóir b'fhéidir le hainmneacha na dtithe móra a bhí feicthe againn, Ard Soluis, Ard na Gréine agus Cambrae.

'Dhá theaghlach Gaeilgeoirí agus teaghlach eile a léigh Proust,' arsa Seoirse. Ní raibh Proust léite agam agus níor thuig mé cén bhaint a bhí aige sin leis an scéal ach níor lig mé dada orm. Bhí mé beagnach cinnte nach raibh sé ag magadh fúm agus b'fhaoiseamh an méid sin. Pé brí a bhí le Cambrae, d'airíos casadh na taoide. Bhí Seoirse anois faoi lánseol agus é ag treabhadh farraigí móra Chanóin an Iarthair, tagairt eile nár thuig mé i gceart gur lean sé air, 'Mar a ghin Abrahám Íosác, ghin Íosác Iacób agus ghin Iacób Iósaf, sa tslí chéanna dhíreach ghin Hóiméar Veirgil, ghin Veirgil Dante agus ina fhear óg chuir Milton deich mbliana i leataobh leis na leabhair ar fad a léamh sula dtabharfadh sé faoina chuid scríbhneoireachta. Plean maith, creidim.'

Chuaigh a chuid cainte go mór i gcion orm. Má chuaigh a chuid cainte i gcion ar Mharina tráth, ba léir anois an t-amhras a bheith in uachtar. Seanargóintí eatarthu agus snas orthu.

'Le tamall anois,' arsa Marina le Muiris, 'tá Seoirse ag caint ar shos bliana ón staidéar.'

'Ó,' arsa Muiris, 'agus gan ach bliain amháin eile le déanamh agat?'

'Ní rachaidh a bhfuil foghlamtha agam go dtí seo amú,' arsa Seoirse. 'Léigh mé faoi Choleridge le deireanas, go dtéadh sé chuig léachtanna ceimice le cur lena stór meafar.'

'Maith go leor,' arsa Marina, 'ach níor bronnadh aon chéim air. Thiocfainn leatsa ansin, a Mhuiris, ach is é a deir Seoirse gur fearr a dhéanfaidh sé ar deireadh ach an bhliain seo a chaitheamh le scríobh amháin.'

D'airigh mé uasal le híseal fite fuaite chomh caolchúiseach ina cuid cainte, nár léir cé acu den bheirt fhear a bhí thíos leis, an té a raibh sí ag labhairt leis, nó an té a raibh sí ag labhairt faoi. D'fhan mise i mo thost ag machnamh ar mo chúrsaí féin gur chuala mé an leanbh agus í ag tosú ar bhogchaoineadh. Níorbh fhada go raibh a cloigeann beag cuachta faoi mo bhlús agus í socraithe ar mo bhrollach. Ní mé arbh é milseacht an mheireang, a bhí curtha ar an mbord ag Muiris idir an dá linn, nó crónán sásta an linbh ba chúis leis, ach bhí gleoiteacht san aer anois. Siúd Seoirse agus trí cinn de na lachain bheaga ar bharra trí mhéar ar a láimh chlé agus í sínte amach aige san aer os cionn an bhoird, agus é ag breathnú ormsa. Géire agus cneastacht ina fhéachaint.

'Tá's agat,' ar seisean, nuair ba léir nár thuig mé céard a bhí ar bun aige, 'trí lacha ar bhalla.' Bhí an ceann is fearr faighte aige orm an uair seo ach ba mhór an spórt é. Réimse eile ar fad aige thar mar a bhí ag Muiris. Agus bricín beag dorcha faoina shúil chlé. Ansin a bhreathnaigh mé i gceart air, ina shúile, agus bhreathnaigh seisean sna súile ormsa. Réimse eile ar fad, cinnte. Réimse ar bhraitheas go mór ar mo shuaimhneas ann.

Ag druidim le deireadh na hoíche, bhí Muiris ag insint do Mharina faoi phortráid nua a bhí againn thuas staighre.

14

'É sin atá do do choinneáil chomh hóg ag breathnú agus beirt pháistí agat,' arsa Seoirse agus tagairt a d'aithníos á tabhairt aige chun an chomhrá.

'Ní mise atá sa phortráid,' arsa Muiris 'ach cara le Lís. Thug a hathair an pictiúr anseo inné ar dhíon a chairr.'

'Bhí péint séadghlas curtha agam ar na ballaí agus gorm síneach ar an troscán,' arsa mise, 'leis an seomra a chur in oiriúint don phictiúr, agus faitíos orm ansin nach ngabhfadh sé isteach sa seomra agus a laghad sin spáis ag barr an staighre. Ar mhaith libh é a fheiceáil?'

'Fanfaidh mise anseo,' arsa Seoirse, 'agus beidh an pictiúr mar leithscéal agam teacht amach chugaibh arís.'

An ag an nóiméad sin a tharla sé? Nó an raibh sé tarlaithe cheana féin? Is cuimhin liom an faitíos a bhí orm go gcloisfeadh Seoirse mo chroí ag bualadh i gciúnas an tseomra. Bhí Art ina leaba faoin am seo agus an leanbh sách leagtha uaim ar an tolg. Rinne coiscéimeanna Mhuiris agus Mharina torann tromrialta agus iad ag dul in airde an staighre. Chualathas ansin os ár gcionn corrchoiscéim siar is aniar ar chláracha gíoscánacha an urláir. Mhéadaigh na fuaimeanna seo ar an gciúnas a bhí sa seomra thíos staighre ionas go mb'éigean do dhuine againn labhairt.

'Feicim Proust ar an tseilf agaibh,' arsa Seoirse, 'ansin leis na penguins oráiste. Nach deas mar atá na leabhair cóirithe agaibh, an ortsa a thiteann an cúram sin?'

Shín sé amach lámh agus bhain an leabhar go cúramach den tseilf. B'fhéidir gur ansin a tharla sé. Ag an nóiméad sin ba chailín arís mé i seomra bia an tí inar tógadh mé, seomra staidéir m'athar. Lámh sínte amach aige ag breathnú

15

na seilf go dtiocfadh sé ar phíosa a d'fhreagródh ceist a bhí curtha agam air, mise ag fanacht go sollúnta agus ag éisteacht go haireach nuair a léifeadh sé amach é. B'ionann freisin mar a láimhseáilidís leabhar. Slíocadh boise ar an gclúdach, casadh cúramach na leathanach gur shroich sé an clár, muid taobh le chéile ar an tolg anois agus, i ngan fhios dó, freagra tugtha aige dom ar an mbaint a bhí ag Proust le Cambrae, nárbh Cambrae é ach Combray, caibidil san imleabhar *Bealach Swann*, a thosaigh sé a léamh.

Séipéal a chonaic sé ar thuras traenach faoi Cháisc, agus tithe cruinnithe mórthimpeall air mar a bheadh i bpéint-éireacht phrimitíveach, a bhí sa phíosa a léigh sé. Agus a ghuth chomh nádúrtha, agus muid tar éis bheith ag caint ar ball ar thuras traenach, ar thithe agus ar shéipéal agus muid fós in aimsir na Cásca, murarbh é a chuid scríbhneoireachta féin fós é, d'airigh mé go raibh sé i ndán dó an saothar sin a scríobh.

Rinne mé iontas de ghlór cothrom caoin a chuid léith-eoireachta, agus an difríocht idir é agus an glór callánach a chleacht sé ag an bpóidiam ag díospóireachtaí na hAoine sa choláiste, a dtéinn ag breathnú orthu sular chuir mé aithne ar Mhuiris. Ba é mo chuimhne air, cé nach raibh de mhis-neach agam ariamh labhairt amach, nach dtagainn lena chuid argóintí. Nuair a chonaic mé é féin agus Muiris i bhfad uaim ag imirt fichille lá, d'iompaíos ar mo shála mar nár mhaith liom beannú dó. Deireadh Muiris go raibh mé róchrua air, gur chailín cairdiúil í Marina agus gur dheas an rud é dá mbuailfeadh an ceathrar againn le chéile. An chéad dá shamhradh a raibh mé féin agus Muiris le chéile, tharla, toisc scoláireachta bliain amháin agus scrúduithe fómhair bliain eile, nach bhféadfainn dul chun na Mór-Roinne ag obair in éineacht leis. Cé gur airigh mé uaim é, bhraith mé san am céanna nár mhiste a thástáil cé mar a bhí cúrsaí eadrainn. Chuig an Ollainn le cairde scoile a chuaigh sé an chéad bhliain agus chuig an nGearmáin le Seoirse agus Marina an dara bliain. Ba mhinic tar éis do Sheoirse an oíche a chaitheamh ag léamh, nach n-éiríodh sé go headra agus gur ar thrasnán rothair Mhuiris a théadh Marina ag obair. Ba léir ó na litreacha a chuireadh Muiris chugam an samhradh sin, ón mBaile Oilimpeach mar a rabhadar ag cur fúthu, go raibh sé ar a shuaimhneas leis an mbeirt acu, go háirithe le Marina. In ainneoin a meabhrach cinn bhí cosúlachtaí idir Marina agus a mháthair — umhlaíocht agus easpa eagair — a thaitin leis mar gheall ar an seantaithí a bhí aige orthu. Nuair a d'fhill sé ar an mbaile ba ghearr go raibh Art ar a bhealach.

Go tobann, amhail is nach raibh Seoirse ina sheasamh taobh liom, ghlaoigh mé go borb suas an staighre. 'Imeoidh an traein oraibh....' Bhraith mé láithreach go raibh mé tar éis ligean d'aghaidh fidil na dea-bhéasa sleamhnú agus go mbeadh trua arís ag na cuairteoirí, mar a bhí ariamh, dá gcara faoina bheith ceangailte le bean chrosta mar mé féin. Rinne mé iarracht ansin an méid a bhí ráite agam a tharraingt siar.

'Ní fiú a bheith ag rith anois chuig an stáisiún,' arsa mise. 'Tá sé chomh maith agaibh fanacht thar oíche.'

'Beidh muid in am don traein dheireanach,' arsa Muiris, agus é ag ceapadh go raibh sé ag déanamh ruda orm.

'Siúlfaidh mé in éineacht libh agus má bhíonn an traein féin imithe beidh bus ón stáisiún ina dhiaidh sin arís.'

Nuair a bhí na cuairteoirí imithe seo mé siar is aniar idir an dá sheomra ag glanadh an bhoird agus ansin na ngréithre, ag súil nach fada go gcaithfeadh muid béile eile leo, go gcloisfinn arís ag caint é. D'éistfinn leis go rachadh na réaltaí is an ghealach féin faoi. Liom féin ar an tolg anois, ina éagmais chonaic mé é agus chuala mé fós é.

Is minic ó shin a rinne Muiris gáire faoi shaontacht a smaointe seisean agus é ar a bhealach ar ais an oíche sin, an imní a bhí air nuair a shuigh sé ar an mbinse faoi na crainn chnó capaill faoin tabhairt amach a thosódh a luaithe a d'osclófaí an doras agus gan ann ach muid féin arís. Bhí sé cráite ag an síorchlamhsán faoi rudaí beaga nuair ab fhearr leis a bheith ag réiteach fadhb ailgéabair nó ag léamh úrscéil thoirtiúil Rúisigh. Ba mhór an faoiseamh dó, mar sin, mise a bheith fós i mo shuí nuair a bhuail sé ar an doras agus, thairis sin, slacht ar an áit agus miongháire ar m'aghaidh. Thuig sé gur rud éigin nár bhain leisean a bhí taobh thiar de, taibhreamh a tháinig chugam agus mé sona anois dá bharr, buachaill a raibh mé mór leis tráth, ach gur bhris mé leis mar gur theip an misneach orm. In aghaidh a thola a bhí Muiris ag imirt an chluiche tomhaiseanna seo, ach b'fhearr leis é sin ná mé a bheith arís mar a bhí ar ball, sular tháinig na cuairteoirí. 'An Dochtúir Mac Eoin?' ar seisean, ag magadh fúm anois, cé go mb'fhíor go mbaininn taitneamh as cuairt ar an dochtúir teaghlaigh, fear scothaosta feolmhar a d'ardaíodh mo chroí lena chomhrá gnaíúil.

'Nárbh fhearr an taitneamh a bhainfeá as an taibhreamh seo,' a dúirt Muiris ansin, 'ach é a choinneáil agat féin, mar go n-imeoidh an draíocht as nuair a luafaidh tú a ainm.'

Má bhí sé agam mar a bheadh luchóg faoi bhois an chait, thuig sé nó bhí a fhios aige an faitíos a bhí orm ariamh roimh éiginnteacht an ghrá agus nach aon uair amháin a bhris mé le buachaill a raibh mé mór leis ar eagla go mbrisfeadh seisean liom.

'Níl ann ach caint,' ar seisean.

'Bhuel, más ea,' arsa mise, 'níl aon dochar ann.'

'Amárach, mar sin,' ar seisean, 'fan go dtí an lá amárach.'

'Seoirse,' arsa Muiris nuair a dhúisigh sé an lá arna mhárach.

Ag magadh a bhí sé agus ba léir dom é a bheith go tobann trí chéile nuair nár thug mé dó mar fhreagra ach miongháire na hoíche roimhe. Gáire amach os ard agus gnáthlá a bheadh ann, an ghnáthleimhe nó faoiseamh a leanann imeacht cuairteoirí, na gnáthchúraimí agus na gnáthchomhráite, ach chuir an miongháire sin alltacht ar Mhuiris agus tús le ré nua, ré gur deacair a rá faoi cén uair a tháinig deireadh leis, má tháinig ariamh. As sin amach is é a bhí againn in áit a ainm, leaganacha den fhorainm sa tríú pearsa uatha firinscneach. Samhlaím ceannlitreacha leo, agus fios againn i gcónaí cé 'Air' a mbímis ag caint.

Rinne Muiris go leor iarrachtaí míniú dom an dul amú a bhí orm.

'B'fhéidir go mbrisfidh sé le Marina, ach chuirfinn geall nach bhfillfidh sé ar an gcoláiste. Easpa misnigh a tháinig air aimsir na scrúduithe. Ní bheidh pingin rua aige go deo.'

'Is féidir liomsa dul ag múineadh mar sin.'

'Tusa a dúirt i gcónaí gur mhaith leat fanacht sa bhaile leis na gasúir nó go dtosóidís ar scoil.'

'Ní ionann múineadh agus postanna eile, bheadh neart ama agam leo.'

'Níl bunús ar bith leis an aisling seo agat,' ar seisean, ag magadh fúm arís agus muid ag baint fiailí lá. 'Ní hé nach bhféadfása do bheatha féin a thuilleadh, ach ní fear mór ban é. B'fhacthas dom ariamh gur cosúil le deirfiúr aige Marina.'

'Déarfainn,' arsa mise, 'gur mó a bhaineann sé sin le Marina ná leisean.'

D'fhéadfaí a rá faoi Mhuiris go raibh sé ag géilleadh do mhianta Líse gan a chás féin a throid, amhail is gur chuma leis cén deireadh a bheadh ar an scéal. Shílfeá b'fhéidir, dá gcloisfeá an comhrá seo, nár lánúin ach cairde an bheirt a bhí ag caint. Tá freagracht ag baint le comhairle a thabhairt, le tú féin a mholadh thar dhuine eile. Chosnódh Muiris a bhean agus a chlann ó ionsaí agus ó ocras, bhí an cineál sin freagrachta ag baint leis, ach chomh fada agus a bhain sé leis féin níorbh aon fhear troda ná díospóireachta é. Ba ghaire d'fhealsamh é. Ba é a nádúr glacadh le rudaí mar a thitfidís amach. Nuair a dúirt mé go rachainn isteach sa chathair, ag féachaint an bhfeicfinn ann é, níor chuir Muiris aon stop liom mar bhí sé cinnte, agus an aithne a bhí aige ar Sheoirse, pé mearbhall a bhí orm go dtiocfadh ciall chugam, ach a gcasfainn arís air. Cúpla uair a chuaigh mé ar a thóir,

20

ach chinn orm teacht air. Ní raibh leigheas ar an scéal, ach cuireadh a thabhairt dóibh teacht chun dinnéir arís.

An Dara Dinnéar

Sa tréimhse sin idir an chéad dinnéar agus an dara dinnéar, mar a tugadh orthu ar ball, i ngan fhios do Sheoirse, bhí bunsraith á leagan síos againn, agamsa agus ag Muiris, bunsraith scéil a raibh ceann de na príomhpháirteanna ag Seoirse féin ann. Ar nós an stráice talún a chonaic Muiris lá nuair a d'oscail sé seandoras i mballa de chloch bhuí na dúiche ag bun an chlóis — rud a thug gort nua dúinn le treabhadh, plásóg bheag cheithre mhéadar cearnach dá ndéanfá é a thomhas — d'eascair ó chuairt Sheoirse agus Mharina ábhar nua cainte a bhí le treabhadh againn. D'éist mé leis na seanscéalta faoi na cairde seo aige nár chuir mé aon suim iontu cheana. An chéad uair a labhair sé le Seoirse bhí scuainí ag leathadh ó dhá thaobh an dorais roimh léacht iarnóna sa mhatamaitic nuair a thug Muiris suntas do leabhar a bhí duine de na buachaillí trasna uaidh ag léamh. Dánta le Heaney. Mar a tharla, bhí an file ag teacht chuig an gcoláiste an tseachtain chéanna agus d'fhiafraigh Muiris den bhuachaill seo an raibh rún aige dul chuig an gcaint. Arsa an buachaill eile gur mhaith leis dul ann ach go raibh air páirt a ghlacadh i ndíospóireacht an tráthnóna sin. An chéad uair eile a chasadar ar a chéile d'fhiafraigh Seoirse de Mhuiris ar imir sé ficheall. Bhí Marina in éineacht leis an lá sin agus ar sise go cairdiúil le Muiris, go gcuireadh Seoirse an cheist chéanna ar éinne nua a chasfaí air. Go gairid ina dhiaidh sin hitseáileadar, an bheirt fhear óg, go Sligeach agus champáileadar oíche i ngairdín tí Mharina, ar thug Seoirse 'Lissadell' air le teann rómánsaíochta. Is ann a bhuaigh Muiris den chéad uair ar Sheoirse san fhicheall. Agus na ceisteanna a cíoradh, cuid acu atá á gcíoradh fós. Mura dtagann siad arís? Agus murar tháinig siad an chéad lá? Bhí an difríocht seo idir Seoirse agus éinne eile ar thug mé gean dó, gur chara maith le Muiris ba ea é, rud a d'fhág páirt aige sin ann freisin agus a thug, i mo shúilese, creidiúint dó, don bhronntanas seo a chuir cor nua inár saol. Rud nach ndéantaí aon tagairt dó, ach a thuig muid beirt, an fáth nár mhiste le Muiris an chaint seo ar Sheoirse, an giúmar a chuireadh sé ormsa agus a chuid le fáil aige dá bharr.

Dá fhad a bhí an fanacht, tháinig an lá. Lá arbh fhaide é ná na seachtainí a chuaigh roimhe. Gach glaoch ar an bhfón ag baint geite asam.

'Seoirse nó Marina cinnte — "an-aiféala orainn ach ní féidir linn teacht"'.

Alf, an leasphríomhoide a bhí ann le clár ama na bliana dar gcionn. Glaoch eile.

'Níl mé in ann aige seo. Má tá siad idir dhá chomhairle, nach fearr dúinn a bheith amuigh ionas nach dtiocfaidh siad orainn le leithscéal.'

Tharlódh gurbh shin a thug amach muid an tráthnóna brothallach sin go lár na páirce os comhair an tí, mar ar shuigh muid, pictiúr de theaghlach óg ar phluid. Léinte bána agus brístí buídhonna ar Mhuiris agus Art, mionleagan déanta agam d'Úna den ghúna bánghorm a bhí orm féin. Leabhair agus brící lego againn agus an leanbh ar bhacán mo láimhe.

'Breathnaigh,' arsa Art nuair a bhí an ghrian ag ísliú sa spéir, 'chomh fada is atá scáthanna na ndaoine ag teacht ón mbaile agus na daoine taobh thiar ag satailt ar chloigne na scáthanna os a gcomhair amach.'

Níor lig an imní dom freagra ceart a thabhairt air.

'Dúirt mé leo,' arsa Muiris ansin, 'go raibh fáilte rompu fanacht thar oíche.'

'Seans mar sin,' arsa mise, 'gur ar an traein dheireanach a thiocfaidh siad. Tar éis an mheáin oíche a thagann an ceann sin isteach.'

'Ní shin inniu ach amárach,' arsa Art.

Rinne mé iarracht ansin labhairt go ceanúil leis, go fileata mar a shamhlaigh mé a labhródh Seoirse.

'Bhfuil a fhios agat,' d'fhiafraigh mé de, 'cá dtéann scáthanna na ndaoine san oíche?'

'Níl,' ar seisean.

'Leanann siad an abhainn go sroicheann siad an fharraige agus ar maidin, sula mbíonn duine ar bith againn inár suí, siúd ar ais iad an bealach anseo ach gur taobh thiar de na daoine ag siúl sa treo eile atá siad anois.'

Bhí na leanaí ina gcodladh agus na cuairteoirí fós gan teacht. Bhí ag teip ar mo mhisneach.

'An suífidh muid ag bord na cistine an uair seo?'

'Más maith leat,' arsa Muiris.

'Muid féin ar aghaidh an drisiúir agus na cuairteoirí ar aghaidh an mhatail.'

'Tá tú róchorraithe ar fad faoin gcuairt seo,' arsa Muiris. 'Níl sé ceart.'

23

'Tá go leor rudaí nach bhfuil ceart,' arsa mise.

'Cá bhfios,' ar seisean, 'nach gcuirfidh sé díomá ort an uair seo agus go náireoidh tú mé mar gur róchuma leat ansin céard déarfá?'

Bhí an ceart aige. Bhí mífhoighid na hóige go teann ionam fós, agus murach an eagla a bhí orm iad a bheith ar leac an dorais thabharfainn freagra air. Las mé na coinnle agus rinne mé rudaí beaga eile gur tháinig siad, gur osclaíos an doras agus go bhfaca mé súile donna Sheoirse ag lasadh an dorchadais romham amach. Bhí Marina lena thaobh agus mos milis a chnis ghrianbhuí roimhe.

'Tá tú ag breathnú go maith,' arsa Marina le Muiris, 'i bhfolach uainn thiar anseo. Ní thógfainn ort é agus muid mall, arís.'

'Sea,' arsa Seoirse, agus líne fhilíochta aige faoi aoibh ghriandóite as ceann de sheanleabhair na hArcáide. Agus iad suite chun boird, dhún mé an cuirtín, a rinne halla beag ag bun an staighre den spás idir an dá sheomra, agus mhúch mé an solas. Na coinnle ar an mbord níor lasadar ach ár n-aghaidheanna.

Is ar éigean a d'aithneofá gur dath geal a bhí ar na ballaí. Dath dubh a bhí ar an troscán sa dorchadas timpeall orainn, matal iarainn a raibh próca Gréigeach greanta mar mhaisiú air, scáthán os a chionn agus an drisiúr le feiceáil ann. I bhfolach faoin staighre a bhí an cuisneoir ach bhí buidéal gáis idir an sorn agus an doras ó thuaidh.

'Is maith liom stíl shimplí an tseomra,' arsa Seoirse. 'Léiriú is ea é ar shaoirse meoin.'

'Is aisteach,' arsa Muiris, 'go ndeir tú é sin.'

'Cén fáth?' arsa Seoirse.

'Bhuel, bhí mé ag ceapadh,' arsa Muiris, 'gurbh in an sórt ruda a déarfadh Lís.'

'Ní dada é sin,' arsa mise leis, amhail is nach raibh an bheirt eile ann, amhail is go raibh mé ar tí mo rún a sceitheadh leo, 'thiocfadh go leor eile ar an tuairim chéanna dá smaoineoidís air.'

'Ach,' arsa Seoirse, '*ní* smaoiníonn siad air.' Ba mhó chun mo leasa ceann de leabhair thoirtiúla Rúiseacha Mhuiris a léamh ná a bheith ag iarraidh intinn Sheoirse a léamh, ach is i bhfad ón tuiscint sin a bhí mé an oíche sin, nó go ceann i bhfad ina dhiaidh.

'Íosfaidh tú ruainne beag eile,' arsa mise leis tar éis tamaill. 'Is léir go bhfuil do ghoile agat.'

Agus mo dhroim casta leis, d'airigh mé a shúile ag breathnú orm agus sioscadh idir an bheirt eile. Ba mhaith liom labhairt leis ach bhí cúthaileacht orm agus thosaigh mé ag éisteacht leis an scéal a bhí Marina ag insint do Mhuiris. Eachtra a tharla i bhFaiche Stiabhna ar a mbealach amach chuig an teach.

'Bhreathnaigh muid go géar,' ar sise, 'ar na buachaillí seo a bhí ag tabhairt drochíde do cholúr bocht. Ina suí ar an bhféar a bhíodar. Bhí a fhios acu go bhfaca muid iad, ach ba chuma leo. "Mura stopann sibh ag stánadh orainn," arsa duine acu, "bainfidh mé an cloigeann de." Murach go ndeachaigh Seoirse anonn acu, gur sheas sé os a gcionn, agus gur dhúirt, "Leave the pigeon alone," b'fhéidir nach dtarlódh sé ar chor ar bith, ach d'éirigh an lad seo ina sheasamh, bhí an colúr idir a dhá láimh aige, bhreathnaigh sé sna súile ar Sheoirse, agus chas sé muineál an éin gur briseadh é.'

'Úúú,' arsa mise.

'Níorbh aon Chogadh na Traí é,' arsa Muiris, 'ach d'inis tú go maith é.'

'Bhí tú ag caint ar ball,' arsa Seoirse, 'ar chluiche fichille,' agus leis sin bhí deireadh leis an mbéile. Bhailíodar leo isteach sa seomra eile agus d'fhan mé sa chistin le Marina. Bhí muid an-éagsúil mar dhaoine. Páiste aonair ba ea í a tógadh ar fheirm bheag faoi shleasa Bhinn Ghulbain. Folt dubh dlaoitheach, cneas albastair, agus súile gorma a bhí ar an gcailín beag seo a bhí níos béasaí, níos deisbhéalaí agus níos diongbháilte ná mar a bhí mé féin. Ba í captaen fhoireann shinsear chamógaíochta na scoile í. I mbun comhrá di chuireadh sí an-chuid ceisteanna a d'eascair go minic as freagraí a bheadh tugtha agat di roimhe sin, a bheadh ligthe i ndearmad agat féin. Seo léi mar sin agus cibé mífhoighid nó míshuaimhneas a tháinig orm, ghéill mé don chathú a tháinig orm fiafraí di fúithi féin agus Seoirse.

'Níor inis muid daoibh,' arsa Marina, 'nuair a bhí muid amuigh libh faoi Cháisc — scéal nua a bhí ann, d'fhéadfá a rá nach raibh muid cinnte faoi....'

An é a bhí sí ag iarraidh a rá liom, ar a bealach mall-triallach féin, go rabhadar ag súil le leanbh?

'Ach feictear dom anois,' ar sise, 'nó dúinne ba cheart dom a rá, gur mar seo atá cúrsaí eadrainn.'

Chuir cantaireacht éin taobh amuigh in iúl dom nárbh fhada uainn an mhaidin.

'Tá muid,' ar sise ar deireadh, 'briste suas le tamall.'

'Á,' arsa mise, agus mé ag cur i gcéill, 'anois agus an ceathrar againn ag cur aithne ar a chéile.'

'Bhuel,' ar sise, 'tá súil againn nach dtiocfaidh aon athrú ar rudaí idir muid féin agus sibh féin dá bharr.'

'Ritheann sé liom,' arsa mise ansin, amhail is gur ansin díreach a bhí na smaointe seo ag teacht chugam, 'go mb'fhéidir go bhfuil cuid de na difríochtaí nó na deacrachtaí céanna idir mé féin agus Muiris is a bhí idir tú féin agus Seoirse, nó lena chur ar bhealach eile, go bhfuil tusa níos cosúla le Muiris agus mise níos cosúla le Seoirse.'

'Shílfeá,' arsa Marina, 'go raibh tú ag moladh go malartódh muid páirtithe lena chéile.'

Ní raibh mé cinnte an ag magadh nó dáiríre a bhí sí, ach ghabh mé leithscéal léi, mar shíleas go raibh mé tar éis dul thar fóir, nó ar chaoi ar bith go raibh mé tar éis an iomarca a rá.

'Maidir le Seoirse,' ar sise, 'tá ráite aige liom nach bhfanfaidh sé i bhfad le cailín ar bith arís go ceann tamaill. Taisteal agus taithí saoil atá uaidh anois.'

'Meas tú,' arsa mise agus náire orm anois tar éis an méid a bhí ráite agam léi, 'cén chaoi a bhfuil ag éirí leo sa seomra eile?'

Bhí an cluiche thart agus iad i mbun comhrá faoin bhfilíocht.

'Tá péire eile ar mhaith liom a léamh,' arsa Seoirse mar leathbheannú. Ba léir nach raibh muid ag cur isteach ar aon tête à tête agus nár mhiste leis muid a bheith tagtha isteach. Is é is dóichí a rith leis, go raibh méadú deas tagtha ar líon an luchta éisteachta.

'B'fhéidir, faoin am seo,' arsa Muiris, 'go bhfuil tuirse orainn ar fad.'

'Mar chlabhsúr ar an oíche,' arsa Seoirse. Ní foláir, nó bhí rud éigin faoi leith roghnaithe aige, nó sin a bhí mé ag ceapadh.

'Breathnaigh,' arsa Marina, 'taobh thiar den dallóg. Is fada ó tháinig deireadh leis an oíche.'

'Tá an ceart ar fad aici,' arsa Muiris, ach bhí Seoirse ag casadh na leathanach mar a dhéanfadh fear nach raibh le cur dá threoir.

Píosa maith isteach sa dara dán, stop sé, d'ardaigh lámh os cionn an leabhair, agus dúirt de ghlór íseal, 'Is spéisiúil go háirithe an deireadh,' cineál geáitse agus treoir nach bhfaca mé, nó nár thug mé suntas dó roimhe sin, ag éinne eile ach ag m'athair — m'athair agus aoibh mhaith air. Bhí an oíche seo thart ach bheadh oícheanta eile againn. Bhí daoine eile sa seomra ach ní bheidís ann i gcónaí. Ag brionglóidíocht liom mar sin a bhí mé nuair a d'airigh mé Seoirse agus é ag caint anois ar fhile a bhí ag cur coir nua i gcúrsaí polait-íochta i dtír éigin a bhí ag éirí as an gcumannachas. Sean-díospóireacht idir é féin agus Marina faoi chumas nó easpa cumais na litríochta cor a chur i gcúrsaí an tsaoil. Bhí eolas grinn aige ar na cúrsaí seo ach chuir sé díomá orm nár aithin sé go raibh sé i bhfad róluath ar maidin tosú, lom díreach agus muid deas socair sásta tar éis a chuid léith-eoireachta, ar ábhar nua, ábhar achrannach argóinteach mar sin. Blianta ina dhiaidh sin aithním an tréith chéanna sin i mo mhac, buachaillín beag an leabhair seo agus é fásta suas, agus déanaim gáire faoi ach nuair a bhreathnaím siar ar an maidin sin, cuireann sé alltacht orm fós agus b'fhearr liom gan bhreathnú róghéar ar an gcéad chuid eile di. Deirtear liom gurbh iad na rudaí is mó a chuireann aiféaltas orainn, gurbh iad sin is fearr leis an léitheoir. Smaoinigh go raibh mé ceaptha a bheith splanctha i ndiaidh an fhir seo, ní hé amháin sin ach bhí sé seo inste, nó leathinste agam don bheirt eile.

Cén fáth nár stop sé tar éis léamh na ndánta? Bhraith mé go raibh an draíocht scriosta ag an díospóireacht. Bhraith mé mar a bheadh mo chroí ag sleamhnú síos óna áit cheart i mo chliabh gur stop sé ina mheall trom díomá i mo bholg. Chaill mé an bloc agus in aon racht bhí mé ag eascainí agus ag caoineadh.

'Níl a fhios agatsa dada, tú féin agus do chuid filíochta.'

Fearg agus searbhas m'athar agus drochaoibh air, drochaoibh na meisce agus díomá air le mo mháthair, drochaoibh a chuaigh i bhfeidhm orm agus chomh deis-bhéalach drámatúil a bhíodh sé agus fearg air, go mbaininn pléisiúr as nuair nach ormsa a bhíodh sé ag béiceadh. Meas tú ar bhain an bheirt eile aon sásamh as an mhaidin sin? Tharlódh gur bhain, mar má bhí seans ann roimhe sin go n-éireodh liom Seoirse a mhealladh, thuigfidís ag an nóiméad sin, mar a thuigfeadh duine ar bith, mar a thuig mé féin, go raibh an-laghdú tagtha anois air mar sheans. B'shin a scaoil na deora. Agus na ceisteanna a chuir mé orm féin go minic ó shin. Cén bhrí a bhí leis, ligean dom féin labhairt mar sin? Cén seans a bhí agam mura mbeinn tar éis labhairt mar sin? Bhí an cath caillte agam fiú sular thosaigh sé. Shuigh mé ar an tolg, m'aghaidh i mo lámha agam agus mo lámha ar mo ghlúine. Níor labhair éinne.

'Tá's ag an mbeirt eile,' arsa mise, ag breathnú amach dom arís ar ghile an tseomra. 'Inis duine agaibh dó. Táimse róthuirseach. Gabhaigí ar fad amach agus bígí ag caint. Sea, bígí ag caint.'

'Ach,' a d'fhiafraigh Seoirse, agus é ag coinneáil guaime air féin, 'céard faoi?' Ceist nárbh fhiú a fhreagairt níos mó.

Sheasadar triúr ansin ina mbalbháin agus amach liom tharstu gur iompaigh mé boirdín beag na cistine a rinne díol trua de phlab nár bhain mé aon sásamh as, gur airigh mé gur ag fonóid fúm a bhí sé. An scáthán ag fonóid fúm mar a chéile, gan aon neart aige air nuair is é a nádúr ná scáil an té gur leis é a thaispeáint agus murar dheas mar scáil é ní raibh aon mhaith milleán a chur ar an scáthán.

'Níl ciall ar bith agat,' arsa Muiris ag teacht ón seomra eile dó, ach bhrúigh mé i leataobh é. 'Tá mé ag dul amach le haghaidh aráin agus cúpla rud eile.'

Fear é gur mhór aige ariamh bricfeasta maith. D'fhan mé ag breathnú ar m'aghaidh sa scáthán agus thug mé faoi deara mar a mhaolaigh dúnadh an dorais na hiomairí a bhí idir mo dhá shúil. Nuair a bhí sé chomh fada leis an doras d'fhiafraigh Muiris de Sheoirse agus Mharina ar mhaith leo teacht leis chuig an siopa. Dúirt sise go rachadh sí ach, lena cheart a thabhairt do Sheoirse, d'fhan seisean agus tar éis tamaill tháinig sé chugam sa chistin agus d'fhiafraigh sé díom arís céard a bhí orm.

Ag smaoineamh ar an mbeirt eile a bhíos, an cairdeas eatarthu agus a siúlóid thaitneamhach faoi scáth na gcrann an mhaidin bhreá seo, ar nós na maidineacha cúig bliana roimhe sin sa Ghearmáin, nuair a théidís in éineacht le chéile chuig an monarcha ar rothar Mhuiris, nuair nach raibh misneach aige briseadh liom, nuair a bhí seans fós ann, agus muid fós gan chúram clainne. Cúram clainne. Rud nach dtuigfeadh file. Ach cárbh bhfios dom? Ní raibh aithne agam ar aon fhile.

'Sílim go bhfuil bricfeasta ó Úna,' arsa Seoirse, agus boige ina shúile. 'Déanfaidh mise an tae.'

Nuair a tháinig an bheirt eile isteach bhí an leanbh ag crónán i mo bhaclainn agus Seoirse i mbun an tae. B'fhaoiseamh an radharc seo do Mhuiris agus é buíoch dá chara dá bharr. Tar éis chlampar na maidine, ba bhéasach mar bhricfeasta é. Éiginnteacht faoi cé mar a bhí cúrsaí eadrainn, cén comhrá, nó cén tuiscint a bhí idir an bheirt shean-chairde a bhí tar éis a bheith amuigh, nó go deimhin idir mé féin agus Seoirse, nuair a fágadh le chéile muid den chéad uair. Dhírigh muid ar na leanaí. Úna bheag mar a bheadh frapa ar mo ghlúin, mé ag breathnú ar Art agus é ag piocadh píosaí beaga adhmaid ó charnán ar an mbord agus á socrú san áit cheart ar mhapa d'Éirinn. Mír mearaí a thaitin liom go haeistéitiúil mar nach raibh ar na píosaí ach na ceithre bhundath — agus nach raibh ann don teorainn!

'Is léir,' arsa mise, 'nach gá ach ceithre dhath le mapa a dhéanamh d'Éirinn.'

'De réir theoirim na gceithre dhath,' arsa Muiris, 'is leor an méid sin le mapa a dhéanamh d'áit ar bith.'

'Den domhan ar fad?' a d'fhiafraigh Art.

'Sea, den domhan ar fad.'

'Seo é mo chontaese,' arsa Marina, agus chuir sí píosa i láimh Airt.

'Nach agatsa atá an deartháir cliste,' arsa Seoirse le hÚna. Léim mo chroí nuair a chrom sé ina treo le dinglis a chur ina bonnachaí.

Leis sin, cé a bheadh chugainn ach Diarmaid, comharsa béal dorais, le cuireadh chun lóin.

'Béile Iodálach,' ar seisean, 'agus fáilte romhaibh ar fad. Tá's agaibh mise,' arsa an cuairteoir nua go croíúil, 'ní ar mhaithe le béasa an cuireadh ach ar mhaithe le comhluadar.'

Bhí ár gcomhluadar féin buíoch den chuireadh agus ghlacamar go gealgháireach leis. Is beag aithne a bhí againn ar Dhiarmaid an tráth sin, múinteoir eile roinnt blianta níos sine ná muid a raibh cónaí air leis féin. Lena chroiméal agus a spéaclaí agus a mhullach breá dorcha gruaige is éard a mheabhraíodh sé dúinn, dochtúir Víneach ó chasadh an chéid. Is cuimhin liom an chéad uair a bheannaigh sé dúinn gur fhiafraigh sé díom an raibh mé ag plé le faisean, nó le cineál éigin dearaidh. 'Dúinn féin amháin,' arsa mise, 'faraor.'

'Paisean is ea é, mar sin,' ar seisean. 'Déanaimse féin líníocht mar chaitheamh aimsire.' Ní dhearna sé aon mhoill an lá sin, ach dúirt sé a bheith cinnte síob a iarraidh lá fliuch, nó má bhí ualach againn ón siopa. Mar bhuíochas, agus mar gur bhraitheamar go raibh sé beagáinín uaigneach, dúirt Muiris leis bualadh isteach am ar bith a dtogródh sé. Tháinig sé cúpla uair, go mall san oíche, cúpla deoch ólta aige agus drogall air dul isteach abhaile. Nó b'shin a d'airímis.

'Agus na cupáin caifé a réitigh sibh dom go minic,' ar

seisean an mhaidin sin tar éis dúinn gan codladh, 'tá sé thar am agam cuireadh a thabhairt daoibh chun béile.'

'Mo ghraidhin thú, a Dhiarmaid,' arsa mise liom féin nuair a bhí sé imithe, agus é tar éis síneadh a chur lenár gcóisir i ngan fhios dó féin. D'aithin mé san fhéachaint a thug Muiris orm, rud a chuir as dó, an bealach a raibh mé in ann ligint orm, mar a déarfadh sé, nár thada an méid a tharla ar ball. Níorbh é sin é i ndáiríre ach go raibh náire orm faoinar tharla agus mé buíoch anois de chasadh na taoide.

Cailín stuama ba ea Marina agus d'iarr sí cead dul a luí tamall thuas staighre. Chóirigh mé leaba Airt di agus luigh mé siar ansin ar mo leaba féin. Cúpla mí a bhí mé ag smaoineamh ar Sheoirse agus níor bheag an díomá a bhí orm liom féin agus chomh míthaitneamhach a bhí mé ar ball, ach ar deireadh fuair an tuirse agus an codladh an ceann is fearr ar an gcorraíl aigne.

Bhí ológa i mias Stephen Pearce agus gloiní móra fíona a raibh cosa gorma orthu ar an mbord caifé idir an dá sheantolg leathair a bhí ar aghaidh a chéile sa seomra suí ag Diarmaid. Agus fíon curtha amach aige, shíl sé suí síos in éineacht linn, ach d'éirigh sé ansin agus siar leis chun na cistine. Ní raibh cúnamh uaidh.

'Bhfuil tú cinnte,' arsa mé féin agus Marina d'aonghuth ón tolg ba ghaire do dhoras an tí. 'Tá,' ar seisean. 'Tá an chistin róbheag, sibhse na cuairteoirí,' agus mar sin de.

Níl aon aintíní tuaithe agam ach déarfainn nach raibh aon oidhre air ach aintín tuaithe agus an cúram a bhí sé ag déanamh dínn. Nuair a tháinig sé ar ais bhí na muinchillí cnaptha suas go huillinn aige. Thug mé faoi deara agus é ina sheasamh sa doras ag tarraingt ar feaig, a chneas pinc mín, agus an lámh eile sínte amach san aer aige mar a bheadh sé ag baint ceoil as cláirseach.

'Tugaigí libh bhur ngloiní,' ar seisean, dár dtreorú isteach sa seomra bia mar a raibh bord agus ceithre chathaoir dharach mórthimpeall air, adhmad trom a mheabhraigh stíl sheanchaisleáin dom. Ní foláir nó bhí cistin bheag taobh thiar aige in aice an tseomra folctha, mar ní raibh sorn ná doirteal sa seomra seo mar a bhí faoin bhfuinneog againne.

'Nach suífidh tú?' arsa Muiris nuair a bhí ár mbéile againn.

'B'fhearr liom a bheith anseo ar foluain,' arsa Diarmaid. 'Tabharfaidh mé a chuid isteach chuig Art.'

'Go raibh míle maith agat,' arsa mise. 'Tá sé seo ag réiteach thar barr liom.'

Ribíní pasta measctha le píosaí de shlisíní bágúin friochta a chuir an-bhlas ar an anlann bán a bhí tríd. Bhí Marina chun cinn orm agus ainm aici air.

'Céard a chuir tú ann?' a d'fhiafraigh sí de. 'Carbonara níos fearr ná seo níor bhlais mé ariamh.'

'Uachtar,' ar seisean, 'cé nach gcuireann na hIodálaigh ann é.'

Bhí an cluiche sa dara leath nuair a shuíomar os comhair na teilifíse agus nuair a bhí sé thart d'fhágamar slán le Seoirse agus Marina ag geata íochtarach na páirce a bhí os comhair na dtithe amach.

'Is fearr an t-atmaisféar in bhur dteach,' arsa Seoirse.

'Ní raibh aon chailleadh ar an mbéile,' arsa Marina. 'Bhí

sé ar an mbéile ba bhlasta a réitigh aon fhear dom go dtí seo.'

'Sin é é,' arsa Seoirse. 'Teach gan bhean, sin é a bhí ar iarraidh.'

Ardtráthnóna i gceartlár an tsamhraidh. D'imíodar as amharc i bhfad uainn faoi scáth na gcrann a bhí mar chliatháin ar thaobh stáitse gur thug muid faoi deara anois air figiúirí eile, ceathrar lads a bhí cruinnithe thart ar an bpailliún, ag bogadh amach i dtreo lár na páirce, nua-choipthe ag toradh an chluiche, ag tosú ar bhuillí cloiginn, ar labanna agus ar chleachtadh ar phíosaí ar leith. Bhí éadroime ina ngníomhartha agus ina ngiúmar, agus tuiscint, b'fhacthas dom, nach dtiocfadh tathant le meanma an lae agus gach duine acu ina thost, faoi dhraíocht ag a chuid brionglóidí féin. Cic na liathróide ag déanamh macalla tríd an gciúnas. Agus níos faide uainn, seordán slaite iascaigh, dorú ag fuipeáil tríd an aer gur stop ansin ar an uisce.

Ceant na mBróg

Shílfeá, nó is cuimhin liom gur shíl mé féin, in ainneoin na ngeallúintí a thug sé ag an ngeata, nach mbeadh Seoirse ar ais chugainn go ceann píosa fhada. Ghreadfadh sé leis mar a dhéanfadh éinne nár mhaith leis trioblóid a tharraingt anuas air féin. Ag súil le Diarmaid a bhí muid nuair a bualadh cloigín an dorais. Ní raibh ann ach ceithre lá ó chaitheamar lón leis. Bhí cluiche mór eile an tráthnóna sin agus cuireadh ar ais tugtha againn dó. An naprún bán orm, agus mé ag réiteach béile.

'Oscail tusa an doras dó,' arsa Muiris, 'agus fág ort an naprún. Breathnaíonn sé go deas ort.'

Straois orm anois, na cromáin ag luascadh ó thaobh go taobh, mo lámh dheas amach romham agus mé ag déanamh ar an doras.

'Haigh, a Dhi….' Ní eisean a bhí ann ach Seoirse, ina sheasamh ansin ina aonar.

'Tá Marina ag obair agus bhí mé ag aireachtáil an t-am an-fhada go dtiocfadh sí abhaile.'

'Tá's agat nach bhfuil aon chall le leithscéal,' arsa mise le barraíocht díocais, nó b'shin a shíl mé ag an am. Cur chuige i bhfad níos réchúisí a bhí beartaithe agam dá dtarlódh go gcasfaí ar a chéile muid arís. É a fheiceáil mar seo gan choinne a chuir de mo threoir mé. Ba chuma. B'fhacthas dom nár cuireadh Seoirse dá threoir. Déarfainn fiú gur mó ar a shuaimhneas a bhí sé ná mar a bhí an dá thráthnóna eile nuair a bhí sé in éineacht le Marina.

'Is maith liom nach bhfuil an dinnéar ite go fóill againn,' arsa mise.

Le fad a bhaint as an aga seo nach raibh aon choinne agam leis sheas mé taobh amuigh agus mo dhroim le balla an tí.

'An bhfuil sibh ag fanacht ar chomhluadar?'

'Tá,' arsa mise, 'ach beidh sé ina chóisir anois.'

Leis sin, d'oscail Diarmaid doras a thí agus bhí an bheirt acu ag croitheadh láimhe le chéile ar an tsráid. Bhí foirmeáltacht, nó fearúlacht b'fhéidir, a thaitin liom ag baint leo thar mar a bhí le Muiris. Má bhí duine acu agus cion aige orm agus an duine eile agus cion agamsa air — bhí cothromaíocht dá chuid féin ansin. Pé ábhar cainte a bhí ag an gceathrar againn bhí ardghiúmar dheireadh na scoilbhliana ag baint leis. Roimh dheireadh an chluiche bhí beartaithe ag Muiris tamall a chaitheamh san Ollainn le Seoirse agus ag deireadh an tsamhraidh, nuair a d'fhillfeadh Muiris, ghabhfadh Seoirse soir — nó b'shin a thugadh sé, le teann rómánsaíochta, ar na tíortha ar a raibh a thriall.

Agus an bheirt acu ag caint ar a dturas, d'fhiafraigh Diarmaid díom an raibh a fhios agam cá raibh an cluiche ar siúl an oíche sin.

'Sa tSicil,' arsa mise.

'Ach cén áit sa tSicil?'

'Sin rud nach bhfuil a fhios agam.'

'Seo nod duit — tá cuid den bhaile seo a bhfuil an t-ainm céanna air.'

Mé ar mo dhícheall ansin ag meabhrú ainmneacha na mbóithre sa cheantar.

'Mm… Novara?'

'Iarracht mhaith, ach ní hea,' arsa Diarmaid, agus é ag cur tuilleadh fíon dearg inár ngloiní.

'Tá Vevay agus Sans Souci ann,' arsa mise, 'ach Fraincis is ea iad sin — inis dom.'

'Palermo,' arsa Diarmaid. 'Bhí teach mór ann tráth, ach leagadh é nuair a tógadh na tithe nua.'

'Palermo — sea, chonaic mé an t-ainm ar na busanna beaga ón stáisiún.'

'Post i scoil na mbuachaillí ansin a thug anseo mé an chéad lá,' arsa Diarmaid, 'Plarmo nó a leithéid a thugann siad féin air.'

Thaitin plean na beirte eile liom — Muiris agus a shean-chara Seoirse ar an gcéad chuid den turas, bonn maith á chur faoin gceangal idir an bheirt acu agus, dá réir sin, go hindíreach idir Seoirse agus an chuid eile againn. D'fhan sé an oíche sin agus an oíche dar gcionn agus ar an tríú lá chuir sé glaoch ar an árasán ag gabháil leithscéil le Marina. 'Tharlódh,' arsa Muiris liom cúpla lá ina dhiaidh, 'go mb'fhéidir gur mó ar a shuaimhneas atá Seoirse linne ná le daoine atá níos cinnte díobh féin. Tá ráite aige liom go mbraitheann sé go minic go mbíonn daoine amhrasach faoi.'

'Faoina chúrsa léinn a chaitheamh i leataobh?' arsa mise. 'Nó faoi dhaoine a choinneáil ina suí leath na hoíche le caint? Is dócha nach miste linne an bua sin atá aige, breith ar an am agus é a stopadh.'

'Tá rud eile,' arsa Muiris, 'go gceapann sé go seasann sé amach ar bhealach míthaitneamhach mar gheall ar a airde agus ar bhuíocht a chnis. Ní maith leis cuma an strainséara a bheith air féin.'

'Nach eisean atá saonta,' arsa mise agus mé ag gáire fúm féin. 'Nach bhfuil a fhios aige go ndeachaigh fir den déan-amh sin i bhfeidhm ar mhná ariamh?'

Oíche amháin agus é éirithe an-mhall, bhí Seoirse cois tine ag insint scéal a bheatha, scéal a bhí cloiste ina phíosaí cheana ag Muiris.

'Tá codladh ag titim ormsa anseo,' ar seisean, 'ach ná cuireadh sé sin stop leis an gcomhrá.'

'Ní bheidh mé i bhfad,' arsa mise.

'Ar thaobh m'athar, Londanach in arm na Breataine ba ea mo sheanathair a d'fhill ón gcogadh le Burmach óg, tar éis dó a bheith i bpríosún gar dá baile dúchais agus leanbh a fhágáil uirthi.'

'Bhí turas beartaithe agam féin ar an Raj tráth, cuairt ar bhuachaill ó Bheangál a raibh mé mór leis.'

'An raibh?' ar seisean. 'Cén uair?'

'Anuraidh,' arsa mise, 'ach shíl mé ar deireadh gurbh fhearr dom pósadh.'

'Agus b'shin a rinne tú,' ar seisean. 'Nach raibh mé ann?'

'Bhí,' arsa mise, 'ach b'fhearr liom éisteacht le do scéalsa ná tosú ar mo scéal fada féin.'

Níor casadh na seantuismitheoirí seo ar Sheoirse ach seo mar a shamhlaigh sé iad, saighdiúir le páirt bheag in *Bridge over the River Kwai* agus portráid a rinne Gerald Festus Kelly roimh an gcogadh de bhean suite go grástúil ar shúsa agus a cosa fillte fúithi. Ach stop. Táim ag géilleadh anseo don chlaonadh ionam chun rómánsaíochta. Ba í an fhírinne gur chuir scéal a bheatha cineál náire ar Sheoirse. I bhfad ina dhiaidh sin, agus an scannán ar an teilifís, a rinne sé tagairt dó agus, maidir leis an bportráid, is i gcatalóg de chuid Adams a chonaic mé é, nuair nach raibh Seoirse feicthe againn le blianta fada.

Léine liath a bhí air. Murab ionann agus léine ghorm nó léine gheal, a d'fheicfeá faoina gcultacha ar fhir, is ar bhuach-aillí scoile is mó a d'fheicfeá léine liath, rud a mhúscail smaointe maoithneacha ionam, á shamhlú mar a bhí sé sna blianta sin dá shaol. Bhí mé i mo shuí ar an urlár agus sciorta leathan mo ghúna mórthimpeall orm. Thug sé bláth orm, 'ar nós na gceanna buí atá péinteáilte ar éadach do ghúna.' Bhí a fhios agam dá n-éireodh Muiris gan choinne, go gcloisfeadh muid gíoscán na gclár urláir os ár gcionn. Teas os mo chionn agus fuaire fúm, toirt a cholainne anuas orm agus brat tanaí ar urlár suiminte. An dúthracht chéanna a chaith Seoirse ina óige ag foghlaim ainmneacha ríthe agus banríonacha agus ag greamú stampaí in albam, chuir sé a chroí ag bualadh anois go mealltach, ciúinanálach domhain agus mo chroí féin á thionlacan. Síleann tú nach dtagann albam stampaí le cúrsaí filíochta nó grá, ach ní dhearna mise aon iontas den bhuachaill a bhí tugtha tráth d'ord agus d'fhoghlaim, agus é fásta suas ina fhear a rachadh i mbun suirí le deabhóid shacraimintiúil. Am le labhairt agus am le stopadh den labhairt. Am le seasamh, am le suí agus am le luí. Gach rud agus a thráth aige, mar a dúirt Cóheilit. Agus solas na tine ag géilleadh do sholas an lae, pógadh arís clúmh dubh a chléibh agus óladh leacht bán mo bhrollaigh gur dúnadh ina gceann is ina gceann cnaipí a léine agus cnaipí mo chabhlach. Ar mo bharraicíní dom phóg mé an bricín dorcha faoina shúil chlé agus le croí éadrom thug mé aghaidh ar an leaba. Faoiseamh ba ea é ualach na dílseachta don aon fhear a bheith curtha díom agam.

'Gabh i leith,' arsa Seoirse an lá dar gcionn, 'an rachaidh muid ag breathnú ar na healaí?'

'Anois an ea?' arsa Muiris. 'Shíl mé go ndéanfainn maróg aráin agus....'

'Tá sé ródheas inniu le bácáil — b'shin a deireadh mo mhamó lá deas mar seo, ach chuig na lachain a théadh muid. B'aoibhinn liom na siúlóidí sin go Faiche Stiabhna. Tabharfaidh muid arán linn agus ceannóidh muid uachtar reoite.'

'Tusa agus do mhamó fadó nó muide inniu?'

'Ó,' arsa Seoirse. 'Mamó fadó *agus* muide inniu. Muid ar fad.'

'Muid ar fad an ea?' arsa mise liom féin. Le cúthaileacht tar éis phléisiúr na hoíche ní raibh mé tagtha anuas go fóill. Muid ar fad. Trí shiolla a d'ardaigh mo chroí agus a chuir ar mo shuaimhneas mé.

Agus b'aoibhinn mar shiúlóid é. An aibhinne chnó capaill chomh fada leis an droichead agus taobh ó dheas den abhainn céimeanna nach bhfaca muid cheana síos go leibhéal an uisce agus bealach rúnda a raibh fiailí gach taobh de.

'Feicim le mo shúilín ghrinn,' arsa Seoirse le hArt.

'Bróg? Beach? Buataisí? Báibín?' arsa an buachaill beag.

'Ní hea,' suas síos go ceolmhar mar fhreagra ag Seoirse air. 'Ní hea,' eile uaidh agus a chloigeann ag imeacht go ceanúil ó thaobh go taobh.

'Bláthanna,' arsa Art.

'Sea,' arsa Seoirse, 'ach *cé* na bláthanna?'

'Na bláthanna atá ag fás ansin.'

'Maith an buachaill,' arsa Seoirse, 'tá tomhaiste i gceart agat, cé go bhfeicimse anois bláthanna eile, an pabhsae atá pioctha ag do mháthair le cur i bpróca sa bhaile.'

Theip orm neamhaird a dhéanamh de mar ba mhaith liom, ach bhí mé buíoch mar sin féin gur éirigh liom gan freagra a thabhairt air, ní raibh ann ach gur bhreathnaigh mé air. Tost, nár dhrochthost é, gur shroicheamar béal na habhann agus an scata ar an trá. Bhain scigaithris óráideach Sheoirse, 'Ealaí Fiáine Chualann', gáire taitneamhach asam féin agus Muiris agus chuir sé tús maith le dáileadh an aráin.

Bhí cluiche eile ag Seoirse agus Art ar an mbealach abhaile agus iad ag teacht ar thíortha agus ainmhithe sna scamaill.

'Ba mhór an spórt é sin,' arsa Art nuair a tháinig muid chomh fada leis an droichead. 'An siúlfaidh muid Bealach na nEalaí arís — lá eile?'

'Cá bhfios,' arsa Seoirse go mall brionglóideach, 'nach siúlfadh.'

'Ar chuala tú an t-ainm,' arsa mise tar éis tamaill, 'a thug Art ar an gcosán sin?'

Ghlac mé leis nuair nár thug sé freagra orm go raibh mo chuidse cainte ag cur isteach ar a chuid smaointe. Ghéill mé don tost. Nuair a bhí an pháirc bainte amach againn stop sé, rug greim ar an ngeata lena láimh chlé, chaith a chloigeann siar agus bhain smúr as an aer.

'Faoi na crainn a shiúlamar ar an mbealach amach, siúlaimis cois na habhann ar an mbealach ar ais mar sin.'

'Maith an plean,' arsa Muiris.

'Maith an plean,' arsa Art, a bhí ag baint gáire asainn agus é ag déanamh aithrise ar ár gcuid cainte.

Agus an pháirc níos caoile ag bun agus ag barr, ní raibh ann ach cúpla coiscéim ó na ráillí uaine le hais an bhóthair chuig an mballa cloiche os cionn na habhann agus ón lá sin amach bealach na habhann a shiúlfainn agus mé ag dul siar chuig an teach agus bealach na gcrann, atá beagáinín níos gaire, a shiúlfainn agus mé ag dul suas an baile. Ag cuimhneamh dom ar an gcaoi ar stop Seoirse go mbeadh na focail chearta aige — freagra ar cheist a bhí curtha aige féin air féin agus ní ar an gceist a cuireadh air amach os ard — b'fhacthas dom go raibh cosúlacht éigin idir é agus aithris Airt. Cleas a dhírigh aird na ndaoine go tarraingteach air féin. Gnáthdhaoine ar nós mé féin agus Muiris tá muid róchainteach nó róshocair, ach Seoirse, ba é an sórt duine é nach labhródh ar rud gan a mhachnamh a bheith déanta aige air, agus d'fhág sin go seasfadh na rudaí a deireadh sé amach, agus go seasfadh sé féin amach chomh maith. Daoine a bhfuil an tréith seo iontu déarfaidh siad leat gur laige é, ach ná creid iad mar is bua é, léiriú ar an ngaol gairid atá idir iad agus na déithe. Teachtairí ó Oilimpeas is ea iad a dhéanann rud uasal de ghnáthrud tríd an gcúram a dhéanann siad nuair a láimhseálann siad rud, tríd an gcruinneas lena labhrann siad faoi rud eile. Fiú an áit sin ar stop Seoirse le dul ag smúrthaíl ar an aer go mbeadh an focal ceart aige, tháinig claochlú uirthi dá bharr, ba chuid de scéal í, de mhiotas cosúil leis an gceann a insíonn cé mar a tháinig salann sa sáile.

Sular shroicheamar an teach thug mé buille faoi thuairim ar shanasaíocht ainm an tí a chuir Seoirse ag caint ar Phroust an chéad oíche.

'Tharlódh gur cor san abhainn é Cambrae, mar is ionann cor agus cam agus chonaic mé ó shin 'Brae River' ar an abhainn ar sheanmhapa.'

'Tharlódh,' ar seisean. 'Tharlódh.'

Ba dhuine é ar dheacair a dhéanamh amach cén uair ar mhaith leis a bheith ag caint agus cén uair ar mhaith leis a mhachnamh a dhéanamh.

Agus an bheirt bheag ina luí, luigh mé siar tamall ar mo leaba féin agus turas Sheoirse mar ábhar machnaimh agam. Na háiteanna a d'fheicfeadh sé. Rith sé liom agus muid ag réiteach chomh maith le chéile go mb'fhéidir gur mhaith le Seoirse dá dtiocfainnse in éineacht leis ar a thuras. Ghabhfadh Muiris leis i dtosach, mar a bhí beartaithe le tamall, agus nuair a thiocfadh seisean abhaile le dul ar ais ar scoil, ghabhfainnse amach, ag múineadh Béarla sa Pholainn nó i bPrág. Bliain nó leathbhliain fiú ag obair thar lear, nár mhór an spórt é. Dhún mé mo shúile go samhlóinn é agus thit mo chodladh orm. Bhí sé dorcha nuair a chuala mé an ceol, válscheol brónach gur shíl mé i dtosach gurbh iarmhar brionglóide é. Ar dhúiseacht i gceart dom thuig mé gur ón seomra suí a bhí an ceol ag teacht. Bhí lampa ar an urlár taobh leis an gclár fichille, mar a raibh na buachaillí suite. Níor bheannaíodar dom agus nuair nár bheannaigh níor bheannaigh mise dóibh. Scrúdaigh mé le mo shúile amach romham dhá bhoiscín dúlaicir ar an matal a raibh féiríní iontu ó bhuachaillí eile, bráisléad gloine a cheannaigh máthair dhuine acu dom agus naipcín póca ar chuir máthair eile ainm a mic air le snáth bán. Bhí mo shúile á ndíriú agam ar an bpictiúr a bhí ar crochadh os a gcionn nuair a stopadar ar Sheoirse. Bhí rógaireacht san fhéachaint a thug sé orm agus údarás sa cheist a chuir sé ar Mhuiris, nár cheist í i ndáiríre ach ordú.

'An gcuirfeá an ceirnín siar chuig an tosach?'

'Fanfaidh mé,' arsa Muiris, 'go mbeidh an taobh sin seinnte.'

'Ba mhaith liom,' arsa Seoirse, 'go gcloisfeadh sí an ceann seo arís ón tús.'

Agus leis sin bronnadh stádas ar an gceann sin agus ó shin i leith, ach í a chloisteáil, is í an oíche sin arís í, agus an triúr againn sa leathsholas faoi fhigiúr gorm Mhatisse.

There's an attic where children are playing where I've got
    to lie down with you soon,
In a dream of Hungarian lanterns in the mist of some
    sweet afternoon.

Cuireadh ba ea é cinnte, teacht leis ar a thuras soir, agus Art agus Úna a bhreith liom. Murar cleamhnas go fóill é, bhí iarracht den searmanas ann.

Bhí díomá orm mar sin, mar a lig sé liom am luí agus chuir mé é sin in iúl dó. Dúirt sé nach raibh aon cheart aige fanacht tar éis na hoíche roimhe agus go n-imeodh sé go luath ar maidin. Bhí cineál náire orm go raibh mé tar éis é a cheistiú mar sin agus b'iontach liom go raibh sé fós ann ar éirí dom. Tar éis bricfeasta rinne sé báidíní páipéir a chuir sé féin agus Art ag seoladh síos san abhainn. Tar éis lóin d'imir sé ficheall le Muiris agus, tar éis dinnéir, shuigh sé taobh liomsa ag breathnú ar leabhar ealaíne. Chuir Muiris amach tuilleadh fíona. Agus a lámh leathnaithe amach ar mo sheanleabhar scoile, bhí a fhios agam go bhfanfadh sé oíche eile. Agus nuair a d'fhan, shíl mé nár rud fánach í an chéad oíche, rud a tharla de thaisme, le teann fiosrachta b'fhéidir. Buanú ba ea an dara hoíche.

Mise ba thúisce a bhí thíos ar maidin lá arna mhárach. D'fhan Muiris sa leaba i mo dhiaidh agus bhí Seoirse sínte fós ar an urlár sa seomra suí. Murab ionann agus an dá mhaidin roimhe, níor dhúisigh mé é. Le hÚna a d'ól mé mo chuid tae. Bhí sé ag imeacht agus bhí sé chomh maith agam dul i gcleachta air. Isteach leis ar deireadh á shearradh féin ar nós an chait agus 'Maidin' shléibhtiúil Ghrieg ag teacht roimhe.

'Is maith liom gur fhan mé cúpla oíche eile.'

'Ba dheas iad,' arsa mise, beagáinín róshollúnta.

'Ach,' ar seisean, 'tá's agat go bhfuilim ag imeacht inniu.'

Chroith mé mo cheann, ar nós chuma liom.

'Nífidh mise na gréithre,' ar seisean. 'Tá do dhóthain le déanamh agatsa.'

Leis an gcumha a bhí orm faoina imeacht a cheilt, shleamhnaigh mé ar ais suas an staighre.

Ag scuabadh mo chuid gruaige dom, d'airigh mé súile Mhuiris ar mo dhroim. D'osclaíos boiscín stáin ar an gcófra tarraiceán idir na fuinneoga, ceann ina gcoinnínn ribíní sróil. Tharraingíos siar mo chuid gruaige agus shocraíos ribín go deas ann, snaidhm i dtosach agus bogha mar chríoch. Sa ghairdín bídeach thíos fúinn, a raibh balla tiubh timpeall air, barr cuartha agus dath geal air mar a bheadh ar mhainistir Ghréigeach, ní raibh ag fás ach aon chrann rós amháin. Agus greim ina ghlaic ag Seoirse ar an rós ba mhó, an gas deilgneach á stiúradh idir a mhéara go dtí a shróin aige go bhfaigheadh sé boladh an bhlátha, bhí Muiris ag stiúradh a mhéara go deas faoi mo sciorta. Dhún mé mo shúile go bhfaighinn boladh an róis agus Sheoirse sa ghairdín. Stiúraigh mé a mhéara agus greim i mo ghlaic agam air féin ionas nárbh fhada uainn an chríoch. Ní inseoinn dó choíche a laghad dílseachta a bhraithinn dó ar na hócáidí seo a mbraitheadh sé féin ceangal eadrainn. Dá smaoineoinn ar dhaoine eile agus muid i mbun comhrá, ní bheadh i gceist ach a dtuairimí, ach i mbun na healaíne seo, dhúnainn mo shúile air mar a dhúnfá doras amharclainne, le go mbainfeadh súil inmheánach pléisiúr as íomhá eile ar fad.

Bhí mé mar a bheadh bainisteoir stáitse agus beart éadaigh nó feistis ar mo ghlúine agam an chéad uair eile a tháinig Seoirse chun an tí cúpla seachtain ina dhiaidh sin. Bhí Marina in éineacht leis agus éadaí an Domhnaigh orthu. Bhí Úna le baisteadh faoi cheann leathuaire agus ba iad a bhí le seasamh léi.

'Míthuiscint bheag,' arsa Muiris leo go leithscéalach, 'ach tá muid beagnach réidh.'

'Fanfaidh muid sa pháirc,' arsa Marina, 'go mbeidh sibh réidh.'

'Plean maith,' arsa Muiris.

'Míthuiscint bheag, an ea?' arsa mise le Muiris nuair a bhí an bheirt eile imithe.

'Ní maith liom an fhonóid sin i do ghlór,' arsa Muiris. 'Ní thaitneodh sé le duine ar bith.'

Ní duine ar bith a bhí i gceist aige ach Seoirse.

'Is cuma liom,' arsa mise. 'Tá an lá millte agat.'

'Tá's agat,' arsa Muiris, 'gur tú féin atá á mhilleadh.'

'Nach raibh socraithe againn,' arsa mise, 'nuair nach

dtiocfadh mo mhuintir in éineacht gan cuireadh a thabh-
airt do do mhuintirse ach an oiread?'

'Trí thimpiste a luaigh mé leo é,' arsa Muiris, 'sula
ndearna tusa an cinneadh sin.'

'Shíl mé tú a bheith níos tuisceanaí,' arsa mise. 'Ní ormsa
atá an milleán ach ar mo mhuintir.'

'Maidir le mo mhuintirse,' arsa Muiris, 'tá se rómhall le
glaoch orthu anois agus iad ar a mbealach.'

'Ní hé seo an cineál lae a bhí uaim ar chor ar bith,' arsa
mise agus tocht i mo ghlór, 'ach cóisir bheag lenár gcairde
agus le cairde beaga Airt.'

'Beidh sé sin againn ar ball, ach…'

'Ná caith an ceann sin,' arsa Seoirse. 'Tá sé múisciúil.'

Bhain sé geit asam. Ní raibh a fhios agam cén fhad a
raibh sé ann — an raibh sé tagtha ar ais nó an é nár imigh
sé níos faide ná an doras? Bhí sciorta fada a rinne mé féin
pioctha amach agam ón mbeart éadaigh.

'Ó, ní chaithfinn an seanrud sin,' arsa mise, cé gur shamh-
laigh mé go dtí sin sofaisticiúlacht leis na poncanna polca.

'Dá ndéarfainnse rud mar sin léi,' arsa Muiris le Seoirse,
'ní ghlacfadh sí leath chomh réidh leis.'

'Déanfaidh an ceann seo.' Gúna teann síoda go dtí na
glúine a bhí ann. 'Beidh mé ar ais faoi cheann soicind.'

Cé gur bhain teanntás Sheoirse siar asam, ba é an sórt
áibhéile é a dhéanfainn féin agus mé ag magadh le Muiris
agus ar an mbonn sin rinne mé amach nach raibh aon
dochar ann.

'Go haoibhinn,' ar seisean, nuair a d'fhoilsíos mé féin
arís ag bun an staighre.

Bhí lána gairid idir an chéad teach sa tsraith agus binn
tí ósta a raibh a thosach leis an mbóthar ó dheas agus a chúl
leis an mbóthar ó thuaidh. Suas linn an bealach sin, an cúig-
ear againn ag siúl agus Úna i mo bhaclainnse. Is cuimhin
liom agus an sagart ag doirteadh an uisce ar a cloigeann
go raibh greim láimhe ag Seoirse orm faoin róba fada
baiste.

Cothrom lá breithe Airt a bhí ann agus bhí leathdhosaen
buachaillí agus cailíní againn chun cóisire ar an abhainn.
An chuid sin di a bhí ar aghaidh an tí amach ní shroich-
feadh an t-uisce inti glúine Airt, agus b'eisean an té ab óige
acu. Agus a mbróga fágtha i gcarnán taobh leis an leac a
raibh mé féin agus Marina suite uirthi leis an leanbh, anonn
leo chuig Muiris agus Seoirse a bhí ag dáileadh líonta
iascaigh orthu, sula ndeachadar féin ag lapadáil in éineacht
leo. Ag réiteach rollaí liamháis, shúmar isteach an ghrian
agus aoibhneas an radhairc, scáileanna na gcrann agus na
bhfigiúirí san uisce, cruidín agus cúpla gabha dubh. Dráma
beag ann féin ba ea an ceant bróg, nó an bealach ar sheas
Seoirse os comhair na baicle bige gasúr, péire bróg ina
láimh aige agus é ag déanamh cur síos greannmhar orthu.
Péire i ndiaidh a chéile, agus an lasair ar a gceannaithe nuair
a d'aithin siad a bpéire féin, agus a bhronn sé orthu iad.

Ar ball, nuair a bhí na leanaí imithe chuig an leaba, labhair
Seoirse.
    'Tá rud le rá agam leat,' ar seisean. Ar chúl an tí i
ndorchacht na hoíche a bhí muid.

'Abair leat,' arsa mise, lán misnigh agus cúraimí an lae curtha díom agam.

'Níl aon rún agam teacht i gcomharbacht ar Mhuiris. Dá mba fhear níos cróga mé, b'fhéidir go ndéarfainn leat roimh ré é, ach bheadh teanntás ag baint leis sin agus, ar aon nós, ní mar sin a bhíos ag cuimhneamh agus muid inár n-aonar na maidineacha sin roimh bhreacadh an lae.'

Níor bhain ar dhúirt sé siar asam. Thuigeas gur mhór aige neamhspleáchas agus saoirse sna cúrsaí seo. Éirim a chuid cainte a thugas faoi deara, éirim, rithim agus íomhánna a chuid cainte.

B'shin an comhrá deireanach a bhí againn sula ndeachaigh sé féin agus Muiris chun na Mór-Roinne. Nuair nach raibh fágtha ach an ceathrar againn ag deireadh na hoíche sin — mé féin agus Muiris, Seoirse agus Marina — thóg Seoirse leabhar nótaí amach as a phóca agus 'mar fhocal scoir,' léigh sé dán le Shelley a bhí scríofa aige ann.

I never was attached to that great sect
Whose doctrine is that each one should select
Out of the world a mistress or a friend
And all the rest, though fair and wise, commend
To cold Oblivion....

Bhí sé ag imeacht ach leanfadh an cairdeas agus an caidreamh a bhí aige linn.

Hiatus

Fómhar

Téarma an Fhómhair agus den chéad uair ó aimsir na
Cásca bhí an ceathrar againn le chéile sa bhaile agus eisean
i bhfad uainn i dtír eile. Eisean ar sheanchara le Muiris é, ar
athair baiste Úna é, a raibh cion ag Art air agus cumha
ormsa freisin ina dhiaidh, bhí orainn déanamh anois dá
uireasa. Seans eile tosú as an nua. Muiris ar ais ar scoil agus
Art ag dul ann den chéad uair. Léine agus bríste liath go
glúine air, carabhat marún agus búcla airgid a mhála leath-
air trasna air. É ina shuí ar leic na fuinneoige agus mise agus
an ceamara agam go dtógfainn a phictiúr — mé ar leath-
ghlúin go mbeadh na rósanna agam ag bun an phictiúir.
Má bhí mé scaitheamh an mhaidin sin gan smaoineamh
ar Sheoirse mheabhraigh cumhracht cneasdaite na rós
dom é agus is air sin a bhí mé ag smaoineamh anois. An
gcuirfinn an pictiúr sa phost chuige? Agus Muiris thall níor
ghéill mé don fhonn a thagadh orm ó am go ham i rith an
tsamhraidh litir nó grianghraf a chur chuig Seoirse. Ní hé
nár mhaith liom go bhfeicfeadh Muiris í nó nach bhféad-
fainn ceann a chur chuige sin an lá céanna, ach d'airigh mé
agus Muiris thall go raibh comhluadar a dhóthain ag

Seoirse agus go dtarlódh go gcuirfeadh sé i leataobh í. Bhí Marina thall anois, ach nuair a d'fhillfeadh sise bheadh uaigneas air ina diaidh. Sin í an uair ba cheart dom scríobh chuige. Maidir le ceart nó mícheart, ní raibh ann ach pé rud a bheadh ceart nó taitneamhach ina shúile seisean. Má bhí mé cúpla mí anois gan teagmháil leis, ní raibh ann ach go raibh mé ag fanacht go gceapfadh sé go raibh dearmad déanta agam air, agus gur mó mar sin a ghabhfadh mo litir i bhfeidhm air. Dár ndóigh bhí mé ag súil freisin gurbh eisean ba thúisce a scríobhfadh. Nuair ba léir nach raibh ag éirí leis an gcur i gcéill, shíl mé go mb'fhéidir gurbh fhearr a d'éireodh leis an ionracas. Sea, scríobhfainn litir dheas nádúrtha chuige. Thaitneodh sé sin leis. Thuig mé nuair a rinne mé mo mhachnamh air, gurbh bheag an t-ionracas a bheadh ag baint leis an tsaontacht a ligfinn orm féin ag caint ar chairdeas nuair ba rud eile a bhí uaim. Thuig mé freisin go raibh mé ag dul sa seans agus tar éis an iarracht fhada a rinne mé a bheith foighdeach, gur mhó mo mhí-shástacht liom féin, mura bhfaighinn freagra uaidh, go raibh mé tar éis géilleadh ar deireadh.

Seo linn an mhaidin sin agus na leanaí romhainn, Art sa diallait bheag ar thrasnán an rothair agus Úna sa phram, an ceann beag a dtugadh mná bochta ar an mbus 'buggy' air. Tharlódh go raibh dul amú orm maidir le haicme an fhocail seo agus gurbh shin an gnáthfhocal, ach nuair nach raibh leanaí ag cairde ná ag gaolta ar comhaois linn ba dheacair liom a rá. Mar a chéile agus cur i láthair an linbh. Ní buidéil ná babygros a bhíodh againn, ach mé féin á bheathú agus é gléasta i róbaí bána. Mé féin a rinne na róbaí,

sé cinn as trí shlat cadáis, agus léigh mé i leabhar in Eason's
go bhféadfainn an leanbh a chothú ar bhus fiú agus nach
n-aithneodh an té a bheadh taobh liom nach ag léamh
leabhair a bhí mé. Nuair a bhí sé mhí bainte amach aige,
agus leathdhosaen treabhsar de chórda an rí déanta agam
dó bhí daoine ag rá go raibh sé in am é a bhaint den chíoch.
Tráthúil go leor, is ansin a tháinig muid chun an bhaile seo
le cur fúinn in íoslach tí Esmé agus Johnny. Bliain, a dúirt
sí, a bheathaigh sí a leanaí féin, agus leanas leis mar sin. Bhí
Muiris sásta na rudaí seo a fhágáil fúmsa agus b'shin mar a
dhéanainn cur síos air nuair a bhínn ag caint ar an mbus le
mná — mná, ar bhraith mé orthu, go raibh a bhfir chéile
chomh réchúiseach céanna le Muiris agus go ligfí leo sna
cúrsaí seo. Mná a bhí níos siúráilte díobh féin ná mar a
bhíodh mo mháthair, agus go mbraithinn níos siúráilte
díom féin tar éis a bheith ag caint leo. Ardaíodh an greann
agus an tuiscint a bhraithinn ag comhrá lena leithéidí sin
mo chroí. 'Mura bhfuil mórán rómans ag baint leo mar fhir,
níl aon dochar iontu ach an oiread,' agus mar sin de. Sea, bhí
sólas agus comrádaíocht nár ghéill mo mháthair ariamh dó
i ráitisí seanchaite. 'Nach bhfuil sé chomh maith againn an
taobh is fearr den scéal a fheiceáil.' Amanta eile, bhraithinn
gur measa an bealach brionglóideach sin ag Muiris ná na
rud is measa a déarfadh Seoirse liom. B'shin mar a bhí.
B'annamh mé gan cuimhneamh air. Ar Sheoirse. Ní ionann
sin is a rá nár thaitin sé liom Muiris a bheith sa bhaile arís.
Thuigeamar a chéile go maith. Bhí cion againn beirt ar
Sheoirse agus, mar a labhrann cairde faoi chairde araon,
b'ábhar comhrá taitneamhach againn a bhuanna agus a laigí.

'An maith leat a bheith sa bhaile arís?' a d'fhiafraigh mé de Mhuiris agus muid tagtha chomh fada leis an droichead. Bhí suas le mí caite aige san Ollainn le Seoirse.

'Shíl mé gur mó an taitneamh a bhainfinn as an tsaoire,' ar seisean.

'Nár thaitin sé leat?'

'Thaitin sé ceart go leor liom,' arsa Muiris, 'ach shíl mé go mbainfinn níos mó tairbhe as.'

'Tairbhe?'

'Bhuel, shíl mé go rachadh mí ó bhaile i bhfeidhm orm ar bhealach éigin, go dtiocfainn ar shaoirse a shíl mé a bheith plúchta ag cúraimí an tsaoil. Bhí mé ag tnúth le laethanta fada a chaitheamh mar ba mhian liom, agus go seasfadh sé seo dom nuair a thiocfainn abhaile.'

'Agus?'

'Bhuel,' arsa Muiris, 'an meanma sin a thug tusa faoi deara an chéad lá a tháinig Seoirse ar cuairt againn, níor thug mé féin faoi deara ariamh é agus muid sa choláiste, ach chonaic mé ansin é. In ainneoin an méid a dúirt tusa faoi, shamhlaíos-sa saontacht leis go dtí seo.'

'B'fhéidir gur rud nua é,' arsa mise, 'a tháinig ó bhris sé le Marina.'

'Tharlódh,' ar seisean, 'ach ní foláir nó bhí rud éigin aige sin nach bhfuil agamsa le go mbeadh sé in ann briseadh léi.'

'Tharlódh,' arsa mise, 'go bhfuil stuamacht agatsa nach bhfuil aige sin.'

'B'fhéidir,' arsa Muiris, 'go bhfuil an ceart agat ansin. Sna tráthnónta fada sa láthair campála ba bhreá leis nuair a bhailíodh slua cailíní timpeall orainn. Ní bhíodh a fhios agamsa céard a déarfainn leo. Bhraithinn gur le breathnú air sin, le héisteacht leis sin, a bhídís ann.'

'Agus nach raibh aon chailín cúthail ann a shíl gurbh fhearr an seans a bheadh aici leatsa?'

'Sílim gur sna cailíní cúthaile is mó a chuir sé féin spéis. Thug sé duine acu ar siúlóid lá agus bhí mé bodhraithe aige an oíche sin ag caint uirthi. Caithfidh mé a rá gurbh fhearr liom an oíche sin a bheith ag éisteacht leatsa, fiú mura mbeadh mar ábhar agat ach athchóiriú an tí.'

Bhain caint mhánla Mhuiris gáire séimh asam agus thug mé faoi deara ansin miongháire beag ag leathadh go stadach ar cheannaghaidh Airt.

'Agus rud eile a fuair mé deacair, an bealach a dhéanadh sé iarracht mé a tharraingt isteach sa chomhrá. Níor thuig sé go raibh mé breá sásta mar a bhí mé, go neamhaireach mar a bhím — bhí an nós céanna ag m'athair agus mé óg — casadh timpeall agus ceist a chur orm, nó mo bharúil a iarraidh faoi rud éigin a bheadh á phlé aige le duine éigin eile. Rud éigin nach mbeadh barúil ar bith agam faoi nó nach raibh aon suim agam labhairt faoi.'

'Cén sórt rudaí?' arsa mise, ar spéis liom aon sórt tuairisce ar Sheoirse.

'Aon sórt ruda — cúrsaí in Oirthear na hEorpa nó san Iaráic, nó na rósanna atá againne sa ghairdín, cur síos ar a mboladh agus ar a méid agus ar a ndath — cneasphinc a thug sé air. Cén spéis a shíl sé a bheadh ag cailíní meánscoile, i dtír a easpórtálann bláthanna, san áibhéil sin? An bhrí a bhaineann sé as rudaí, bíonn an iomarca rómánsaíochta ann.'

'Nach mbíodh sibh mórán libh féin?' arsa mise.

'Sin é a thaitneodh leatsa, nach ea?' arsa Muiris. 'Mall san oíche agus muid sa phuball thosaíodh sé ag léamh amach dánta. Ní bhraithinn ar mo shuaimhneas leis ansin ach an oiread. Bhí sé róshocair, róshollúnta.'

'An iomarca den aisteoireacht?' arsa mise.

'B'fhéidir,' arsa Muiris.

'Agus,' arsa mise, 'ní maith le fear é sin a fheiceáil i bhfear eile. Feictear dó nach bhfuil sé ionraic.'

Tar éis seachtaine den mhochéirí agus den ghléasadh roimh bhricfeasta thiteas isteach ar nós a d'fhan liom ó shin, an fhallaing seomra a fhágáil orm go mbeadh an chistin glan agus na seomraí leapa cóirithe. Leath na maidine, b'fhéidir, ar mo shuaimhneas leis an raidió. Agus eagar ag teacht chun an tí, airím an t-eagar céanna ag teacht ar m'intinn. Is aoibhinn liom an tráth sin den mhaidin nuair atá an lá amach romham. Airím fuinneamh i ngeallúint an lae agus feicim go soiléir a bhfuil le déanamh agam. Faraor, agus an taitneamh a bhainim as an obair tí, is minic a théim thar fóir leis nuair ba cheart dom stopadh agus díriú ar pé obair scríofa atá idir lámha agam, tráchtas sna laethanta sin, an scéal seo anois. Cineál moilleadóireachta is ea an obair tí, ach rud maith ann féin í freisin. Rud eile ar fad ab ea an litir a bhí idir lámha agam. Litir chuig Seoirse. Dréachta a d'athraigh ó bhonn ó lá go lá. Agus Muiris ag moladh dom lá a bheith foighdeach, dúirt sé gur dhúirt Seoirse go scríobhfadh sé chugam ón bPolainn. Bhí sé ag fáil bealach ann le lad ó cheantar sléibhteach na dTatras a n-imrídís beirt ficheall leis. Nuair a rinne mé iontas nár dhúirt sé é seo liom roimhe sin, dúirt sé go dtarlódh nach scríobhfadh sé agus ar mhaithe liom féin nár cheart dom smaoineamh fiú ar litir a chur chuige mura gcuirfeadh sé ceann chugamsa i dtosach. An leathanach iomlán de chaint chroíúil i bpeannaireacht choparphláta an Mhontblanc, tháinig claochlú air ó dhréacht go dréacht ionas gur leathleathanach dúfhoclach anois é i gcló iodálach an Scheaffer. Bhí sé éirithe chomh gonta sin gur insíos leathbhréag do Mhuiris an lá ar cuireadh sa phost é, a rá go raibh an ceart ar fad aige, agus nach scríobhfainn aon litir mura bhfaighfinn scéala ó Sheoirse i dtosach. I mo luí ar an leaba an oíche sin agus mé idir codladh agus dúiseacht shín mé lámh amach agus suas síos go ceanúil ar Mhuiris a bhí ina luí taobh liom sa leaba ag léamh.

'Feictear dom,' a dúras leis, 'go bhfuil do dhroim éirithe níos gaire, nó go bhfuil dath difriúil air.'

Chas Muiris a dhroim liom agus tharraing sé an phluid aníos air féin. Tuigeadh dom ag an nóiméad sin, cé nár luaigh mé a ainm, go raibh a fhios aige gur le Seoirse a bhí mé ag caint, gur leisean a bhí mé agus mé ag brionglóidí, agus gur brionglóid í a bhí bunaithe ar thaithí.

B'shin an chéad oíche a ghéilleas do Mhuiris ó bhí mé le Seoirse.

Oliebollen

Bhí duilleoga donna anois ar an gcrann cnó capaill trasna an bhóthair agus ar na crainn ar fad suas síos na habhann agus bearradh ar an ngaoth ón bhfarraige aníos.

'Agus na holiebollen liom ar an traein,' arsa Marina agus í ag leagan mála páipéir donn agus buidéal fíona ar an mbord, 'meabhraíodh dom Maria ar thram Dhroim Conrach agus an mála cácaí beaga boise a bhí aici do na leanaí Donnelly.'

'Ag magadh a bhí mé i ndáiríre,' arsa Muiris, 'nuair a luas iad, ach ba dheas uait cuimhneamh orthu.'

'Níor dada é,' arsa Marina, 'ní dócha gur fearrde iad an turas.'

Ní raibh aon oidhre ar an mála smeartha ach mála mór fish and chips, agus ba chosúil le fataí beaga iad in ithir gainmheach na taoschnónna a raibh rísíní tríothu agus siúcra timpeall orthu.

'Nach leis an am seo bliana,' arsa mise, 'a bhaineann an scéal sin?'

'Sea,' arsa Marina. 'Ní fada uainn anois Oíche Shamhna. Is dócha,' ar sise, ag breathnú ansin ar Art, 'go bhfuil tú ag smaoineamh cheana féin ar fheisteas.'

'Nílim ag smaoineamh air,' ar seisean, 'tá sé socraithe agam cheana féin.'

'Maith an fear,' arsa Marina. 'Agus an rún é?'

'Ní hea,' arsa Art. 'Beidh mé i m'fhear stáin cosúil leis an gceann sa Wizard of Oz.'

Leis sin, cé a thiocfadh chuig an doras ach Diarmaid. Chuimhnigh mé ar an gcéad oíche ar tháinig Seoirse chun an tí leis féin. Gan choinne a tháinig sé agus cuireadh tugtha againn an oíche sin do Dhiarmaid. Ba mhar a chéile beagnach an t-ardú croí a bhraitheas anois agus eisean tagtha gan choinne nuair a bhí cuireadh tugtha againn do Mharina.

Má bhí mé idir dhá chomhairle faoina cuairt sise agus
faitíos orm go mbeadh teannas eadrainn, níor bhaol anois
don oíche. Cé gur le haghaidh caifé a tháinig Diarmaid,
agus é tar éis a bheith amuigh ag ól, níor dhiúltaigh sé don
fhíon.

'An-scannán,' ar seisean, 'an-scannán — ná dearmad an
feisteas a thaispeáint dom nuair a bheas sé ort.'

'Déanfaidh muid é sin cinnte,' arsa mise, 'ach sílim go
bhfuil sé in am anois na leanaí a sheoladh chuig an leaba.'

Níor fhan mé rófhada in éineacht leo mar ba mhaith
liom filleadh ar an gcomhluadar. Níorbh ionann agus oích-
eanta go raibh Seoirse ann agus go raibh a phléisiúr féin ag
baint le himeacht tamall ón seomra. Ba mhaith liom ar dtús
a thaispeáint dó gur mháthair mhaith mé a léifeadh scéal dá
leanaí am luí, rud a bhí ró-éasca ar fad agus rithim shuaimh-
neasach a ghlóir ag teacht aníos chugam trí chláracha an
urláir. Rud eile a thaitin liom, éisteacht leis i ngan fhios dó.
Bhí baol ag baint leis sin dár ndóigh, go gcloisfinn tuairim
neamhfhábharach fúm féin, ach bhí mé sásta dul sa seans le
go gcloisfinn na tuairimí a bheadh aige i gcomhrá nach raibh
aon pháirt agam féin ann. Cás eile ab ea Diarmaid. Bhí muid
cainteach, nádúrtha i dteannta a chéile agus ní raibh call le
haon chur i gcéill nuair a thagadh seisean ar cuairt. Agus
buidéal fíona ólta aige d'éiríodh sé siúráilte de féin agus dá
chuid tuairimí i dtaobh cheisteanna pholaitíochta agus i
dtaobh chúrsaí oideachais. Níor mhiste leat an leimhe a
bhaineadh leis an gcuid seo den oíche mar, gan teip agus an
dara buidéal ólta aige, thiteadh sé isteach ar bhealach níos
tarraingtí. Bhí maoithneachas ag baint leis, cinnte, ach bhí

níos mó ná sin ann, bhí doimhneacht agus dúshlán ann, ionracas agus taithí saoil a chuaigh i gcion orainn.

'Cairde maithe liom,' arsa Diarmaid le Marina, 'is ea an bheirt seo. Cairde croíúla, cairde dathúla. Cuirfidh siad gach rud ina cheart fós. Féach a bhfuil déanta acu cheana féin agus iad fós an-óg. Nach breá leat an bríste córda sin?' ar seisean ag breathnú ar Mhuiris. 'Nár mhaith leat do chuid fiacla a ghreamú ann?'

Sheas sé ar mo chúl ansin agus chíorláil sé mo chuid gruaige agus sheas sé ar chúl Mhuiris agus chuir a mhéara trína chuid gruaige seisean. Murab ionann agus go leor, níor lú an cion a bhí aige ar dhuine againn ná ar an duine eile. Má bhí sé súgach féin, cineál aingil choimhdeachta againn ab ea é a chreid ionainn fiú murar chreideamar ionainn féin. Ansin a thosaigh an greann i gceart. Bhí fuaim aisteach ón gcistin. Isteach linn ina nduine is ina nduine go bhfacamar an tráidire borróg a bhí bunoscionn ar an gclár silte taobh leis an doirteal ag preabarnach go torannach amhail is go raibh neach éigin istigh faoi ag iarraidh go ligfí amach é.

'An t-am seo den bhliain,' arsa Diarmaid, 'a thagann na luchain isteach.'

'Luchain!' arsa na cailíní, ag cúlú le sceimhle.

Le leathshúil ó chúl an chuirtín bhreathnaigh muid ar Dhiarmaid agus ar Mhuiris ag scrúdú an tráidire chomh cúramach le beirt a bheadh ag madhmadh buama. Ní raibh aon réiteach air ach bealach amach a thabhairt dó. Diarmaid a d'ardaigh. Luchóg a bhí ann ceart go leor, chomh beag agus chomh mear ag teitheadh gur chosúil í le leamhan.

Arsa Marina liom agus í ag imeacht, 'D'iarr Seoirse orm teachtaireacht a thabhairt duit.'

Litir, arsa mise liom féin, ach níorbh ea.

'Thaitin do nóta leis,' ar sise. 'Tháinig sé an mhaidin a bhí mé ag imeacht.'

Bhí náire orm, nuair nach raibh litir aici dom go raibh a fhios aici go rabhas tar éis scríobh chuige.

Dá mbeinn tar éis fanacht lá amháin eile, a dúras liom féin.

An lá dar gcionn fuair muid cat.

Dhá Litir

Tháinig dhá litir ó Sheoirse an geimhreadh sin a chaith sé sna críocha nach raibh cuirtín iarainn idir muid agus iad níos mó. Maidin, nuair a bhí tugtha faoi deara agam na duilleoga a bheith tite den chrann cnó capaill, a tháinig an chéad cheann, dhá leathanach déag ó shleasa íochtair na dTatra. Ráithe ina dhiaidh sin a tháinig an dara ceann, dhá leathanach ó Gdansk agus é ar a bhealach go Beirlín. Do Mhuiris a scríobh sé an chéad cheann, agus d'Úna agus í aon bhliain d'aois a scríobh sé an ceann eile. Ar bhruach na habhann ar aghaidh an tí a léigh mé iad. Dúirt sé sa dá litir go raibh sé ar tí scríobh chugamsa. Chreideas an chéad uair é agus chreideas chomh maith céanna é an dara huair. Idir an dá linn, léas an dá litir sin le fonn, amhail is gur teachtaireachtaí cliathánacha chugamsa iad. Rud ar bith a deireadh sé a thabharfadh dóchas dom, chreid mé ann, agus rud ar bith a déarfadh sé a chuirfeadh imní orm, níor chreid

mé ann. B'fhéidir gur minic daoine mar sin i gcúrsaí grá.
Tháinig an Nollaig. Cheannaigh mé bróga nua dom féin,
svéid dearg agus sálaí arda orthu. Meas tú an dtaitneoidís
le Seoirse? Ar maidin, bhí maide gréine tríd an bhfuinneog
isteach ar Úna agus oráiste ina láimh aici agus ar Art agus
an JCB 'le dhá arm' a fuair sé ó Dhaidí na Nollag. Tar éis
dinnéir chuir mé na trí lacha ag snámh trasna an bhoird, na
ceanna céanna a chuir Seoirse ag eitilt ar a mhéara an chéad
lá ar tháinig sé chugainn. Cé nach raibh aon súil againn go
mbeadh sé chugainn le haghaidh dinnéar na Nollag, bhraith
muid uainn é mar sin féin agus muid ag tabhairt buille faoi
thuairim faoi cén áit nó cé leis a chaith sé a bhéile.

San athbhliain tháinig lánúin agus a mac chun cónaí sa
tsraith tithe geala a raibh muid féin agus Diarmaid ann. Bhí
deich mbliana acu orainn agus mac acu a raibh bliain aige
ar Art.

'Is maith liom bhur gcat,' arsa Joe, buachaill na gcomh-
arsan nua. 'An bhfuair sibh don Nollaig é?'

'Ní bhfuair,' arsa Art, 'do na luchain a fuair muid é.'

Go gairid in a dhiaidh sin dúirt Joe go raibh francach
sa teach acu sin agus nach cat amháin a bhí siad ag fáil ach
péire. Bhí focal nua ar an nuacht 'diúracán scud' agus thugas
an teilifíseán isteach chun na cistine go bhfeicfinn iad. Bhí
teacht againn ansin ar Sky. Maidin a raibh mé ag breathnú
ar éanacha ar na sreanga teileagraif taobh amuigh den
fhuinneog thuas staighre a tháinig an dara litir. Camáin ag
ceol ar chliath. Nuair a d'éirigh mé chonaic mé scata eile ar
ghéaga loma an chrainn chnó capaill. Síos le cuid acu, ag
piocadh péisteanna le cromadh rithimiúil a gcinn, suas leo

arís mar a bheadh rás chun na ngéaga idir iad agus cuaif-
each éan nua a bhí tagtha chun an chrainn. Dom féin a
léigh mé an litir i dtosach agus an dara huair, os ard d'Úna.
An mhaidin dár gcionn agus macalla a chuid focal seisean
i mo cheann scríobhas dhá dhán bheaga di.

1.

Battenburg:
Prásóg almóine do chóta,
Rós pinc is bán do ghúna is do chneas,
Do ghruaig — an subh aibreoige.

2.

Milis í agus beag
Baineann ag diúl,
Breac é agus te
Fireann ag crónán.

Slíocann an cat
Ceannaghaidh an linbh,
Tarraingíonn an leanbh
Leathchluais an chait

Pógann an mháthair
Barr cinn an linbh,
Súnn teas na gréine,
Í féin, an leanbh is an cat

Eatarthu ar an bpluid.

San Earrach cheannaigh muid rudaí nua, rudaí a bhí, dar

liom féin, cosúil le mo bhróga dearga nach bhfaca Seoirse
fós iad, gan bheannacht, gan bhaisteadh, go dtiocfadh sé ar
ais agus go bhfeicfeadh sé iad, má bhí sé le teacht ar ais.
Renault 4 nár thugamar ach £100 air, ruga le cur os
comhair na tine — ceann deas tiubh — agus péintéireacht
le cur ar an matal os a chionn, cat a raibh dath oráiste air.

'Agus carr againn anois,' arsa Muiris, a d'fhoghlaim le
tiomáint an tráthnóna céanna ar fágadh an carr os comhair
an tí, 'is féidir linn dul ar laethanta saoire, an ceathrar
againn agus Seoirse in éineacht linn.'

'Sílimse féin go bhfuil sé réidh linn, liomsa ar aon nós.'

'B'fhéidir,' arsa Muiris agus é ag iarraidh misneach a
thabhairt dom, cé gur dócha freisin go raibh sé ag magadh
fúm, 'nach maith leis litir ghearr a scríobh chugatsa tar éis
dó ceann chomh fada sin a chur chugamsa.'

Deirtear gur buí le bocht an beagán, agus ón uair a fuair
Muiris amach nach é amháin go raibh a bhean ceanúil ar a
sheanchara ach go raibh, mar a dúirt Seoirse ina litir, 'rud
éigin' eadrainn, b'fhacthas dó nach raibh bealach níos
éifeachtaí le caidreamh a chur ar bun ná tosú ag caint ar
Sheoirse. Níor chuir sé ríméad air, ach mar sin féin
b'annamh nach n-éiríodh leis. Thuig Muiris ariamh go
raibh neamhghnáthacht éigin ag baint leis féin. An t-éad nár
bhraith sé, ba dheacair dó a rá ar neamhspleáchas nó
meatacht ba chúis leis? Dar leis féin, ba mheasa a easpa
spéise i gcúrsaí spóirt mar gur deacra é a cheilt ag an mbris-
eadh caifé. B'fhéidir go ndúiseodh sé maidin éigin mar a
rinne Gregor Samsa, agus nach ciaróg a bheadh ann ach

gnáthdhuine, buaiteoirí na gcluichí ceannais á thuar aige agus fuath aige dá chara Seoirse.

Idir an dá linn, agus a bhean as baile, d'fhan Marina cúpla oíche le Muiris. Réiteach i bhfad níos séimhe óna thaobh sin de ná iompú in aghaidh Sheoirse. Rud mór dó ab ea é. Bhí a fhios agam é sin mar nár theastaigh uaidh labhairt faoi. Shamhlaigh mé ansin í ag moladh mhaisiú an tí, ina suí chun boird leis na leanaí agus ina dhiaidh sin ag ól fíona cois tine le Muiris. Thaitin sé liom ar bhealach gur dheacair a mhíniú, b'fhéidir, go raibh cion fós aici ar Mhuiris agus gur mhaith léi é a bheith ar iasacht aici tamall. Cur le stór a dhílseachtaí seachas baint de líon ár gcairde. Bhí ionadh air gur tharla aon rud eatarthu agus ní raibh aon mhuinín aige go mbeidís le chéile arís. Níor theastaigh uathu ceapadh go raibh aon bhaint ag an gcor nua seo sa chaidreamh eatarthu lenar tharla idir mise agus Seoirse. Ní fhéadfaí a shéanadh mar sin féin, go raibh cead tugtha againn dóibh nach raibh acu cheana. Is éard ba mhaith leo a cheapadh gur rud eile ar fad é a d'eascair ón seanchairdeas a bhí eatarthu.

'Ná bí ag ceapadh,' arsa Muiris, 'gur fearr an seans atá agatsa anois le Seoirse.'

'Ní ionann ise agus mise, cailín cineálta foighdeach í nach miste léi tú a bheith scaipthe.'

Bhí spleodar orm fós tar éis an deireadh seachtaine agam féin. Comhdháil ar litríocht na mban, agus beannacht a chuir gliondar orm, 'Planda úr den bpár', faighte agam ón saoi i measc na bantrachta ann.

Tamall ina dhiaidh sin bhí glaoch ó oifig na dticéad i

Holyhead. Cara libh, arsa bean na dticéad, a thug an uimhir seo dúinn. Bhraitheas go raibh radharc aici ar an mbealach a bhí a cuid focail, a bhí ag teacht trasna na farraige chugam i dtuin suas síos a dúiche, ag lasadh mo ghrua. Dá mba mhaith linn, ar sise, agus beagán amhrais ina glór, fiche punt a fhágáil in oifig na dticéad i nDún Laoghaire, bheadh sé ar an gcéad seoladh eile. Rinne Muiris gáire, ach dúirt sé ansin nár mhiste leis bealach abhaile a thabhairt dá chara. Ní cuimhin liom cé againn a chuaigh go Dún Laoghaire leis an bhfiche punt agus beagán eile lena chois le sicín agus úlla a cheannach le go réiteofaí béile breá don fhánaí a bhí ag déanamh a bhealach trasna na farraige chugainn. Stuáil le cur sa sicín agus grabhróg le cur ar na húlla. Anlann agus uachtar, ba chuma nárbh é an Domhnach é.

Tháinig sé ceart go leor, ach ní raibh mórán fonn cainte air. Bhraitheamar go raibh duairceas air. D'imir sé cluichí fichille le Muiris agus lego leis na leanaí. D'éisteas leis ag insint scéil d'Art.

'Bhí Lech, Cech agus Rus, triúr deartháireacha amuigh ag fiach lá. Le dul faoi na gréine agus an spéir lasta dearg, chonaiceadar iolar bán i mbarr crainn, agus arsa Lech, "Má tá an áit seo feiliúnach do nead an iolair bháin, b'fhéidir gur anseo a thógfainn mo chaisleán." Agus b'shin a rinne sé. Gniezno nó 'nead' atá ar an mbaile a d'fhás timpeall an chaisleáin agus ba í sin chéad chathair na Polainne, arbh é an t-iolar bán ar chúlra dearg a siombal fós. Soir a chuaigh Rus agus is uaidh sin a d'eascair na Rúisigh, agus is ó Cech a chuaigh siar chun na Bóihéime, mar a mbíodh Ceiltigh roimhe sin, a d'eascair na Seicígh.'

Bhí an t-atlas leanaí ar an mbord acu agus Seoirse ag caint ar 'chogadh fleiscín' na Seic-Slóbhaice.

'B'fhéidir,' arsa Art, 'go ndéanfar dhá thír astu.'

'Nuair a shocraíonn rudaí síos san Eoraip,' arsa Seoirse, 'gheobhaidh mé atlas nua duit, ceann fásta suas. Féach fiú i do shaol gearr féin mar a imíonn siad as dáta agus mar atá tú féin tar éis fás suas.'

Maidir liom féin, bhraitheas go raibh Seoirse do mo sheachaint. Tar éis cúpla lá d'inis sé dom faoi Khatya, Polainneach a casadh air i Londain, dearthóir graifice a bhí ag obair mar fhreastalaí agus a rinne cleamhnas le gairid le grianghrafadóir gur ó Dhún Éideann ó dhúchas é. Réitigh an triúr acu le chéile, ach b'fhearr le Seoirse gur uaidh féin, seachas ó Charlie a gheobhfadh Katya a pas Breataineach. Lá eile labhair sé faoina mháthair, a bhí ina haonair thall le breis agus scór bliain.

In ionad filleadh ar Éirinn nuair a tréigeadh í, chuir sí a páiste abhaile chuig a muintir agus d'fhan sí san árasán mar a bheadh cineál Miss Havisham ann. B'fhearr léi bábóga ná é féin mar chomhluadar. 'Poupée de cire,' a bhuaigh an comórtas Eoraifíse go gairid tar éis di fáil amach go raibh sí ag iompar agus chuaigh sé i gcion uirthi mar gur dhúirt a leannán gurb í pictiúr an amhránaí í. Níorbh fhada nach raibh leannán ná fiú an leanbh féin aici. De réir a chéile a tháinig na bábóga agus a chuaigh sí i léig. Cuid acu i gcúinne, cuid eile ar sheilf, cá bhfios cé mhéad súil bhalbh a bhí ag stánadh air san árasán beag nach raibh ann ach dhá sheomra. Ach an rud ba mheasa, a súile balbha féin, an achainí thruamhéalach go léifeá uirthi, 'ná tóg ormsa é mar a thit rudaí amach.' Abhus a d'fheicfeadh sé í sna blianta tosaigh agus ba chuimhin leis boladh an chumhráin nuair a thagadh sí ar cuairt, faoi Nollaig, cothrom lae a breithe agus sa samhradh. Bhíodh bréagán aici dó agus is é an scéal a bhíodh aici go raibh áit dheas á lorg aici féin agus a athair don triúr acu. Thuig sé de réir a chéile nach raibh ann ach caint. B'annamh a d'fheiceadh sé a athair, a thagadh go mírialta de réir mar a thograíodh sé féin. Thaitin a chomhluadar leis. Na cluichí fichille a d'imrídís. Bhí suas le deich mbliana ann ó chonaic sé é.

Tugaim 'Hiatas' ar an gcaibidil seo, mar go mbaineann sé le tréimhse go raibh Seoirse thar lear agus muid féin abhus, agus fiú nuair a d'fhill sé agus gur fhan sé linn ní raibh sé linn i ndáiríre. Bhraitheamar go raibh drogall air a bheith linn. Ba mhaith leis a bheith in áit éigin eile, ach nach raibh aon áit eile aige le dul ann. An áit a gcaithfear bheith istigh a thabhairt duit nuair nach bhfuil áit eile agat sin é do bhaile, a dúirt Frost. Thug muid bheith istigh dó. B'shin a bhí uaidh. B'shin an méid a bhí uaidh. Níor leor domsa an méid sin, níor leor dom é a bheith farainn. Bhí orm é chiapadh le ceisteanna faoina raibh ag cur as dó. Agus é a chrá ansin leis an réiteach seo nó an réiteach siúd. Ní raibh neart aige ar shaol a athar ná a mháthar, ach d'fhéadfadh sé dul ar ais agus an chéim a bhaint amach. Ní raibh i gceist ach bliain. Níor cheist phraicticiúl na dtáillí a luaigh sé, cé nach raibh aon teacht aige orthu ó fágadh beo bocht é nuair a cailleadh a sheanmhuintir, ach saothar a bhí idir lámha aige. Aistriúchán ar an *Aeinéid* nó ar leabhar amháin de agus leaganacha le filí eile á léamh agus á n-athléamh aige,

mar ullmhúchán, a deireadh sé. Bhí an claonadh céanna
sin ionam féin, léamh timpeall ar rud, á sheachaint in áit
tabhairt faoi. Ní thosóinn ar *Aeinéid* na Rómhánach mar
shampla, go mbeadh an dá eipic Ghréagacha ar a bhfuil sé
bunaithe léite agam. Bhí *Odaisé* E.V. Rieu léite agam le fada
an lá agus ba mhór an spórt *Odaisé* de Brún a bhí díreach
tagtha amach ag an am. Maidir leis an *Íliad*, in ainneoin
chaint Sheoirse agus Mhuiris ar Aichill agus Phatroclus,
amhail is gur sheanchairde leo féin iad, nó leaganacha
díobh féin fiú, níor éirigh liom féin dul thar leathanaigh
thosaigh scéal sin an chogaidh. Agus ba mhar a chéile
Seoirse agus a chuid scríbhneoireachta. Ní hé go mbíodh sé
dímhaoin, ach ar an taobh eile de, ní fhéadfaí a rá go raibh
sé dírithe ar a raibh curtha roimhe aige. Ní fhacas ariamh
ina leabhar nótaí ach liricí gearra. Faoistiní beaga náireacha
a thug sé orthu. Dúirt sé nach raibh iontu ach dul i leataobh,
iarmhair dhánta, dánta a shamhlaigh sé ach nár éirigh leis
breith orthu. Bhí sé róchúramach, a dúirt sé agus rósheach-
antach ar an bpian ónar eascair siad. Chaithfeadh sé a bheith
níos soiléire agus níos ionraice. In ainneoin ar dhúirt sé,
b'fhacthas domsa go raibh leochaileacht ag baint leo, leoch-
aileacht rithime agus íomhánna a fhanann liom i gcónaí.
Maidir le náire, b'fhéidir gur deacair náire a shamhlú le duine
a bhfuil tú splanctha air. Laoch agat is ea é agus spéis dá réir
agat i ngach eachtra i scéal a bheatha. Agus ábhar mórtais
agat thairis sin é a bheith á insint duit. Nuair a chuirinn an
iomarca ceisteanna air, chúbadh sé isteach chuige féin.

Is cuimhin liom, mar sin féin, lá breá amháin an babhta
sin, gur dhúirt Muiris go dtabharfadh sé ceacht tiomána

domsa agus do Sheoirse. Bhí muid ag caint ag an am agus bhí drogall orm bogadh amach mar bhraitheas go raibh Seoirse ar tí rún éigin a sceitheadh liom. Bhí Muiris i mbun a ghnótha, isteach agus amach ón seomra agus cluas air agus níorbh é sin a bhraith seisean. Mar a dhéanann tuismitheoir freagrach nuair a airíonn sé na leanaí ag éirí achrannach, d'éirigh leis i ngan fhios dúinn ár n-aigne a tharraingt ón teannas a bhí ag coipeadh eadrainn. Spin a bhí ar intinn aige agus dár n-ainneoin d'ardaigh áilleachtaí an dúlra ár gcroíthe cortha. Rinne glioscarnach na habhann muid a thionlacan chomh fada leis an mbóthar mór agus amach romhainn ansin bhí an Bheannach Bheag agus an Bheannach Mhór breactha le caoirigh agus le huainíní bána a bhain gach 'ú' agus 'á' asainn, gur chúngaigh an bóthar go tobann agus go raibh muid dár seoladh trí choillte diamhara Ghleann Dá Ghrua.

'Fan soicind,' arsa Seoirse nuair a chas Muiris isteach ón mbóthar, 'is cuimhin liom an áit seo. Tá pub ann. Thugadh m'uncail anseo muid ar spin, mé féin agus mo chol ceathracha, cúpla, a chlann mhac féin, dá mbeadh muid ag éirí cantalach sa teach. Bhí feirm bheag thart anseo ag uncail leisean agus le mo mháthair.'

'I ndáiríre?' arsa mé féin agus Muiris in éineacht.

'Bhí sé ligthe as mo chuimhne ar fad agam, ach is cuimhin liom anois é, scioból dearg agus máthair na mbuachaillí sin agus greim láimhe aici orm le misneach a thabhairt dom tar éis tubaiste beag éigin. Bhínn i mo cheap milleáin nó i mo cheap magaidh ag mo chol ceathracha agus bhídís de shíor ag spochadh orm.'

'Thuigfinn,' arsa Muiris, 'go ligfeá an áit as do chuimhne.'

Cé gur deacair dom é a shamhlú ina bhuachaill beag, bhraitheas cumha ar chloisint na heachtra seo dom a bhí ligthe i ndearmad aige le blianta fada.

An tráthnóna céanna, nó go gairid ina dhiaidh sin, is cuimhin liom gur éisteas le Muiris agus le Seoirse i ngan fhios dóibh. Thug mé faoi deara mar a chuir an bealach sin a bhí ag Seoirse cúbadh isteach chuige féin uaireanta, isteach air féin nuair a chonaic sé ag Muiris é.

'Rith sé liom,' arsa Seoirse, 'cé gur fearr an aithne atá agam ar Lís agus agatsa anois ar Mharina....'

'Ar inis sí duit?'

'D'inis,' arsa Seoirse, 'ach ní faoi sin a bhí mé, ach fút féin.'

'Fúmsa?' arsa Muiris.

'Sea,' arsa Seoirse, 'ní bhraithim gur fearr an aithne atá agam ortsa anois ná mar a bhí ag an tús. Ní maith liom brú a chur ort, ach ní maith liom gan é a lua.'

'Tá's agam,' arsa Muiris, 'táim ródhúnta.'

'Beagáinín tostach b'fhéidir,' arsa Seoirse, 'ní ionann an dá rud.'

'Pé acu é,' arsa Muiris, 'cuireann sé as do Lís agus duitse chomh maith, b'fhéidir.'

'Ní hé an tost féin,' arsa Seoirse, 'ach gur deacair tú a léamh. Déanaim iontas uaireanta de do neamhchlaontacht, d'uilíocht na comhbhá agat.'

'Tagann faitíos orm féin uaireanta,' arsa Muiris, 'nach bhfuil ann ach neamhshuim gan mhachnamh.'

'B'fhéidir,' arsa Seoirse, 'nach dtugtar dóthain creidiúint don mheasarthacht. Nach é a mhalairt is cúis le trioblóidí an chine dhaonna?'

'Ní tusa amháin,' arsa Muiris, agus é ag filleadh ar an gcéad cheist a d'ardaigh Seoirse, 'a dúirt go rabhas beagáinín tostach, ach b'fhéidir gur mó an mhuinín atá agam asatsa nuair a deir tú é ná mar a bheadh agam as éinne eile.'

'Ní beag sin,' arsa Seoirse.

'Ba mhaith liom go dtiocfadh an chaint níos réidhe chugam,' arsa Muiris, 'ach tá's agat, anocht féin, go dteipfidh an chaint orm.'

'Tá's agam go maith é,' arsa Seoirse.

Bruíon Bhainne

D'imigh Seoirse tar éis seachtaine nó mar sin chuig bedsit a bhí ag Marina sa chathair. An mhaidin tar éis dó imeacht thug Muiris cupán tae chugam sa leaba agus é ar a bhealach amach le hArt chun na scoile.

'Ar shíl tú,' arsa mise, 'nár mhaith liom arán nó an é nach bhfuil aon arán ann?'

Síos leis arís agus dúirt le hArt a chairdeagan a chur air.

'Cén cairdeagan?' arsa an buachaill beag.

'An ceann a bhfuil na stríocaí daite air.'

'Ó,' arsa an buachaill, 'sin seaicéad.'

'Cuir ort do bhróga agus do stocaí,' arsa Muiris agus é ag déanamh a bhealaigh go costrom in airde an staighre, 'tá mé á thabhairt seo suas ag mama.'

'Seo duit an t-arán. Níl aon bhainne sa teach.'

'Beidh orm éirí ar aon nós mar sin mar ní fada go mbeidh Úna ag caoineadh.'

'Nach dtógfá isteach sa leaba leat í?'

'Ní ionann anois agus nuair ba mé féin a bhí á cothú. Níl a fhios agam cén fáth nár choinnigh mé orm.'

'Alright,' arsa Muiris. 'Gheobhfadsa an bainne, ach cuireadh tusa na bróga agus na stocaí ar Art.'

Agus an duairceas a bhí ag teacht orm an mhaidin sin tar éis do Sheoirse imeacht, níor labhras le hArt go raibh snaidhm in iall an dara bróg agus fiú ansin ní raibh ann ach 'Maith buachaill' agus miongháire meata gur fhág sé an seomra. Nuair a thosaigh an leanbh ar chaoineadh ní isteach chuicise a chuaigh mé ach síos chun na cistine go bhfuaireas ann paicéad brioscaí a thugas ar ais liom chuig an leaba.

'Shílfeá gur ag campáil a bhí tú,' arsa Muiris, 'agus rún agat fanacht thuas anseo ar feadh an lae.'

Agus an leanbh faoina ascaill aige dhoirt sé an bainne isteach sa bhuidéal.

'Campáil!' arsa mise. 'An ag magadh fúm atá tú? Airím chomh dona is go mb'fhearr liom a bheith marbh ná anseo.'

'Ná habair é sin,' arsa Muiris. 'Níl sé ceart.'

'Ceart! Mícheart!' arsa mise. 'Ní ar scoil atá tú anois.'

'Ní hea, faraor,' ar seisean. 'Féach, tá orm imeacht.'

'Nach dtuigeann tú,' arsa mise, 'cé chomh dona a airím?'

'Níl a fhios agam,' ar seisean, 'faoi thuiscint ach feicim le mo dhá shuil é. Labharfaidh muid ar ball.'

Agus a bhealach déanta go costrom síos arís, amach liom as an leaba agus sheasas ag barr an staighre.

'Ar chúl atá mé imithe ó casadh ar a chéile muid. Mise a bhí ag déanamh go maith an uair sin.'

'Stop!' arsa Muiris, 'In ainm Dé, stop.'

Shíl mé go raibh sé in am agam stopadh, ach bhí mé éirithe róchorraithe.

'Ní stopfaidh! Is fuath liom thú!'

Aníos leis, d'aon chéim amháin b'fhacthas dom. Focal níor dhúirt sé ach chuir a fhéachaint faitíos orm. Chuireas mo ghualainn leis an doras mar bhraitheas go raibh sé ar tí rud éigin a bhriseadh, ornáid nó rud éigin a thaitin liom féin. Bhuail sé agus bhuail sé dorn ar an doras. Mura mbeadh ann ach an torann ba chuma liom ach tháinig faitíos ansin orm gurbh iad a mhéara a bhrisfí agus d'oscail mé an doras. Rug sé láithreach ar sheilf a bhí ina sheasamh taobh leis an doras, agus chroith sé í mar a chroithfeá duine. Ní ornáidí leochaileacha a bhí uirthi ach bailiúchán buidéal gloine gorm. Rinneadar tormáil taitneamhach ar na cláracha urláir agus iad ag leathadh amach ar fud an tseomra, ach níor briseadh aon cheann acu.

'Is measa fós tú ná mar a shíl mé,' arsa Muiris trína chuid fiacla.

Chroith sé an cartán bainne amach roimhe mar a dhéanfá sula gcaithfeá maide agus chaith sé an cartán ar an bportráid. Níor stróiceadh an canbhás, ach bhí an bainne ag sileadh anuas air mar a bheadh báisteach ar fhuinneog lá fliuch. Bhí an leanbh ag caoineadh go faíoch agus lagmhisneach ag teacht ar Art.

'Ní arís! Ní arís!' ar seisean nuair a tháinig Muiris amach chuige.

Bhí carn léinte ar an gcófra tarraiceán idir an dá fhuinneog, gach ceann acu iarnáilte agus fillte mar a bheadh léine nua ann.

'Breathnaigh, na rudaí a dhéanaim duit!' arsa mise. 'Breathnaigh, chomh deas atá an teach againn! Mise faoi ndear é a bheith mar sin!'

'Tá an ceart agat,' arsa Muiris, 'Tá brón orm. Stopfaidh mise má stopann tusa.'

'Níl aon mhaith liom. Bheadh sibh chomh maith céanna libh féin.'

'Dúirt mé i bhfad ó shin go raibh orm imeacht,' ar seisean. 'Ar scoil atá mé ag rá. Tá's agat go mbeidh an bheirt againn mall anois.'

Nuair a chuala mé clic an dorais ina dhiaidh, ghlaoigh mé amach an fhuinneog air.

'Bhuel, cuirfidh an phraiseach seo agatsa cuid den mhaidin isteach dom.'

Níl a fhios agam ar chuala sé mé mar bhí an carr tosaithe agus lean sé air.

'Cé a shílfeadh go raibh geallúint ionamsa tráth?'

Ag caint liom féin a bhí mé agus mé níos socra anois.

Tar éis seachtaine nó mar sin sa bhedsit le Marina bhí Seoirse ar ais chugainn arís. Shíl sé go mb'fhearr an sealaíocht, gur cineál neamhpleáchais é gan éirí róchompordach i gceachtar den dá áit. In ainneoin an duaircis chéanna a bheith air i gcónaí d'ardaigh sé mo chroí é a bheith ann. Thaitin sé go mór liom éisteacht leis ag caint leis na leanaí, guth amháin aige d'Art agus guth eile aige d'Úna. Agus muid inár gcodladh dheinedh sé túir arda leis an lego mór. Ceithre cinn, ag freagairt do cheithre dhath na mbrící nó cúpla ceann níos airde agus pátrún déanta aige de na dathanna. 'Meastú cén sórt a bheas ann inniu?' chuala mé Art a rá le hÚna agus é ag dul isteach sa seomra suí an tríú maidin. Ba gheall le maidin Lá Nollag acu é. Agus mé féin níos measa ná ceachtar acu. I measc na gciúbanna buí bhí ceann a raibh súil greanta air — is dócha go raibh compánach aige tráth ach 'an droch-shúil' a bhí aige ar an gceann seo agus é ina ábhar spraoi aige leis na leanaí. Is cuimhin liom an tsúil freisin in ainm ceana a bhí aige ar Úna. 'Agus cén chaoi a bhfuil Leathshúil inniu?' a d'fhiafraíodh sé di nuair a thiteadh dlaoi gruaige anuas thar a baithis.

I Log an Staighre

Bhí Seoirse ag breathnú air féin go grinn sa scáthán os cionn mhatal na cistine nuair a tháinig mé anuas an mhaidin seo. Bhí sé tar éis ceatha agus bhí méara a dhá láimh ag réiteach ghruaig a chinn. Ní raibh mórán di ann mar i Londain roimh fhilleadh dó bhí sé tar éis í a bhearradh go lom. B'fhacthas dom ó shin gur tháinig an loime leis an duairc-eas a bhí air ag an am. Chonaiceas sa scáthán a bhéal ag leathadh, ach ní thabharfainn mioncháire air — déada deasa beaga bána, ach gan aon splanc ina shúile. Bhí leabhar faoi aircitíopaí Jung ar an mbord agus thógas i mo láimh í.

'An leatsa í seo?'

'Is liom,' ar seisean.

'Is spéisiúil mar smaoineamh é,' arsa mise, beagáinín ródhíocasach.

'Ní haon smaoineamh simplí é,' ar seisean. 'Níl Jung chomh hábhartha le Freud.'

Bhí fonn orm a rá nach simplí a dúirt mé ach spéisiúil, ach d'fhágas mar sin é. Bhí cantal air an mhaidin chéanna agus ormsa bhí sé dul é a bhualadh. Ba é seo an lá a bhí sé le dul ar ais go hárasán Mharina agus mé féin in éineacht leis chomh fada leis an gcathair.

Shiúlamar faoi na crainn inár dtost chuig an traein. Bhí mé ag breathnú amach an fhuinneog ar scata ealaí ar an ngaineamh agus ar na báid seoil níos faide amach sa chuan nuair a labhair sé.

'Ba dheas uait teacht,' ar seisean pas beag róbhéasach. Bhraitheas gurbh é a mhalairt díreach a bhí i gceist aige agus thosaigh mé ag déanamh leithscéala.

'Tuigim,' arsa mise, 'go rabhas ródhian ort aréir. Tá brón orm faoi sin.'

'Tá sé sin ceart go leor,' ar seisean, ach arís a mhalairt a bhraitheas, agus leanas orm ag caint.

'Ní raibh aon cheart agam,' arsa mise, 'agus tú tar éis míniú dom nach chun do leasa an sórt sin brú.'

Bhíos tar éis moladh arís dó gan bliain eile a chur amú, ach a chúrsa a chur de chomh luath agus ab fhéidir leis. Bhí ráite agam chomh maith gur mhór an trua nár éirigh leis a mháthair a fheiceáil nuair a bhí sé i Londain. Nuair nár thug sé aon fhreagra orm léigh mé dán a bhí i bhfráma os cionn na fuinneoige. Tar éis tamaill shíleas cor nua a chur sa chomhrá.

'Sílim go ndéanfadh John Malkovich an dán sin a léamh go maith.'

'Na Meiriceánaigh,' ar seisean go dúfhoclach, 'nílim róthugtha dóibh.'

D'fhágas mar sin é. Cá bhfios cé mhéad póca a bhí sa seanseaicéad airm a bhí á chaitheamh aige ó tháinig sé ar ais, ach bhí leabhar nó cóipleabhar i dtrí nó ceithre cinn acu agus seo é agus buillí beaga aige orthu gur aimsigh sé an ceann ceart. Cnuasach le Yeats agus 'Katya' nó 'K' mar ghluais ina láimh néata féin ar imeall chuid de na leathanaigh. Níor labhair muid an chuid eile den bhealach.

'Ealaí ar an Deargail, Faoileáin ar an Life,' arsa Seoirse go neafaiseach agus muid cois fuinneoige sa Winding Stair ag breathnú amach ar Dhroichead na Leathphingine.

'Tae sa bhaile agus caife amuigh,' nó a leithéidí sin de ráiméis mar fhreagra agam air agus mé buíoch gur fhág sé mar sin é.

Bhí muid ag déanamh go maith gur fhiafraigh mé de cé uaidh a fuair sé a éirim cinn.

'Bí cinnte,' ar seisean, 'nach ó mo mháthair a tháinig sé.'

'Tá cineál trua agam di mar sin féin,' arsa mise.

'Bíodh, más mian leat,' ar seisean. 'Bheadh cineál cothromaíochta ansin.'

'An é gur fuath leat í?'

'Ní hea, ach gur róchuma liom fúithi.'

'Meastú cé acu is measa, fuath nó neamhshuim?

'Níl fúm é a phlé,' ar seisean, 'i gcomhrá mar seo. Níl fúm é phlé.'

Comhrá mar seo. Comhrá mar seo. Thuigeas ansin nach raibh sa mhéid a dúirt sé faoina mháthair agus faoi na Meiriceánaigh ach réamhchúrsa.

'Cad chuige an tsíorchaint?' ar seisean. 'Is mór an

t-iontas nach bhfuil tú plúchta agus an t-aer timpeall ort líonta de shíor agat le focail. Ba mhaith liom dráma a scríobh agus páirt ann duitse, páirt gan focail.'

Bhreathnaigh mé air, ach níor labhras.

'Breathnaigh,' ar seisean, 'tá éirim agat agus samhlaíocht, ach feictear dom... tá sé seo ráite agam libh cheana ... ní dóigh liom gur chun bhur leasa sibh a bheith le chéile.'

Má bhí sé fós den tuairim gur cheart dom féin agus do Mhuiris briseadh suas b'fhéidir go raibh seans ann, nó b'shin a bhí mé ag ceapadh nó gur lean sé air.

'Tuigeann tú,' ar seisean, 'gur leat féin ba cheart duit cónaí.'

Bhraitheas mo chloigeann ag sleamhnú síos idir mo dhá bhois i nduibheagán guingeáin dearg agus bán. Bhí labhartha ag an mbreitheamh. Ba é a bharúil cinnte an bhean óg róchainteach seo a bhí os a chomhair amach a bheith mífheiliúnach dá chara séimh, dó féin, do dhuine ar bith. Sea, mar phíonós bhí mé le daoradh chun uaignis, mé a fhágáil asam féin, mar a dhéanfaí le duine a raibh galar gabhálach air. Agus mo shúile dírithe fós ar chearnóga an éadaigh bhoird, tharlódh gur géire mo chluasa agus iad á mbodhrú anois ag tormáil teasairí agus glagarnach gréithre, ag geonaíl faoileán agus ag gáire ghligín.

'Céard atá ort?' ar seisean.

Baineadh siar asam. An dúr a bhí sé? Shíleas ansin go mb'fhéidir nach eisean a bhí dúr ach mise.

'Rud ar bith,' arsa mise, agus mé ag breathnú go cliathánach air.

Go mall righin d'éirigh sé ina sheasamh agus bhain sé

a sheaicéad de chúl a chathaoireach. Nuair a bhí an bóna casta amach agus na muinchillí tarraingthe anuas aige chlaon sé chun tosaigh agus barra a lámha leaite amach ar an mbord mar thaca aige. Seo anois é agus áibhéil aisteora míme lena chuid geáitsíochta, ag glanadh grabhróga dá leabhar agus ag cur a chuid giúirléidí isteach i bpócaí éagsúla a sheaicéid, taobh thuas istigh agus taobh thíos amuigh. Dhírigh sé é féin suas agus d'fhágamar an bord. Taobh leis an doras chuaigh mé le barra mo mhéara a leagan go ceanúil ar chúl a láimhe, ach theip ar mo mhisneach agus ligeas do mo lámh titim síos le mo thaobh.

I log an staighre labhras, 'Ní raibh aon rún agam an lá a mhilleadh ort.'

'Beidh eadarlúid deas socair agam sula bhfeicfidh mé Marina agus cuirfidh sé sin ina cheart é.'

'Ó,' arsa mise. 'I dtí diabhail leat.'

'Anois,' ar seisean, 'tá tú ag caint.'

'Nach tusa atá soiniciúil, ar do sháimhin só anois,' arsa mise. 'An é gur maith leat mé fheiceáil crosta?'

'Ní bheadh an ceart ansin agat,' ar seisean. 'Siúlfaidh mé píosa leat.'

Leanas síos é agus timpeall an chúinne go Sráid na Life. Bhí deora ag bogadh i mo shúile.

'Bastard cruálach is ea mé,' ar seisean ansin, 'ach is fuath liom na deora sin agat.'

'Tá's agam,' arsa mise, 'de m'ainneoin a tháinig siad.'

Shiúil muid píosa beag eile.

'B'fhéidir,' ar seisean ansin, 'go bhfuilim in éad leat agus na deora sin agat.'

B'fhíor nach bhfaca mé ariamh ag caoineadh é. Ach dá bhfeicfeadh, ní chuirfeadh sé as dom mar a chuireadh deora Mhuiris. Pribhléid a bheadh ann a dheora a ghlanadh. Bhíos cinnte de sin. B'fhacthas dom go tobann scáthán na córa róghrinn ar fad, an mhífhoighid a léirigh Seoirse i mo leith ba é mo luach saotharsa é ar mo chuid mífhoighde féin le Muiris.

'Fágfaidh mé slán anseo agat,' ar seisean go réidh.

Ní raibh aon dul as. Chlaon mé mo cheann agus chasas i dtreo na gcéanna. Shíleas ansin gur chuala mé m'ainm ach radharc ní bhfuaireas air nuair a chasas timpeall. Ghluaiseas tríd an slua go bhfaca mé uaim é, cúl dubh a chinn a leanas le mo shúile. Bhuail taom náire mé nuair a d'iompaigh sé is chonaic sé mé. Chasas ar mo shála ar ais i dtreo na gcéanna.

Bewley's

An lá dar gcionn agus mo dheirfiúr sa chathair cé chasfaí uirthi ach Seoirse, an triú hógfhear a casadh uirthi an tráthnóna sin. Ag breathnú ar na bláthanna ar Shráid Ghrafton a bhí sí nuair a rug seanchara barróg uirthi, a leathbhádóir ar fhoireann díospóireachta tráth, cé gur ar éigean a d'aithin sí é agus an meáchan a bhí curtha suas aige sna cúig bliana ó d'fhágadar an coláiste.

'Abhcóide,' ar sise. 'Nach tusa atá ag déanamh go maith.'

'Ormsa a bheas na bláthanna,' ar seisean. 'Cén cineál ar mhaith leat?

'Ó go raibh maith agat,' ar sise. 'Na lilí, orthu sin a bhí mé ag breathnú. Ormsa a bheas an caifé mar sin.'

Sa scuaine i mBewley's, rug fear óg eile barróg uirthi, amhránaí nár athraigh mórán ó bhíodar sa bhunscoil, ach go mb'fhaide anois a chuid gruaige fionnbháine.

'An ólfá caifé liom?' ar seisean.

B'éigean di an t-abhcóide a chur in aithne don amhránaí.

'Lá eile, b'fhéidir,' ar seisean go réidh agus d'imigh leis.

'An féidir,' arsa an t-abhcóide ansin amach os ard, 'gurb in Seoirse chugainn?'

Chuala sé a ainm, ach níor aithin sé éinne roimhe.

'Haigh,' arsa an t-abhcóide, agus chuir sé é féin in aithne do Sheoirse.

'Nach iontach,' arsa Seoirse, 'gur aithin tú mé tar éis na mblianta.'

'Thuigfinn,' arsa an t-abhcóide, go mbeadh an ócáid sin ligthe i ndearmad agat féin. Deirtear nach bhfuil rud níos measa ná teacht sa dara háit.'

'Céard a thugann anseo tú?' a d'fhiafraigh Seoirse, ag déanamh neamhairde de mhaíomh an fhir eile.

'Tá muid díreach tar éis pósadh,' arsa an t-abhcóide ramhar agus méar sínte aige leis na bláthanna.

'Le daoine eile,' arsa mo dheirfiúr, ag bogadh isteach di le spás a thabhairt do Sheoirse taobh léi ar an tolg.

'Ní hé seo an chéad uair dom casadh ar Sheoirse,' ar sise leis an abhcóide ramhar.

'Ó nach ea?' a d'fhiafraigh an t-abhcóide agus Seoirse in éineacht.

'Tigh mo dheirfiúra,' ar sise.

'Á!' arsa Seoirse. 'Lá an Bhaiste.'

'Céard fút féin, a Sheoirse?' arsa an t-abhcóide. 'Chuala

go raibh tú i bPrág — tá gach éinne ag dul go Prág na laethanta seo.'

'Is maith an rud nach rabhas ann mar sin,' arsa Seoirse. 'Bhíos sa Pholainn, ach inis dom, cé a dúirt leat go raibh mé sna críocha sin?'

'Oisín, do leathbhádóir féin sna seanlaethanta díospóireachta,' arsa an t-abhcóide. 'Feicim in Óstaí an Rí é.'

Bhí mo dheirfiúr ar a buaic ar fad.

'An gcreidfeá gur leisean a chuaigh mé chuig damhsa cheann cúrsa na scoile!'

Blúire eolais nár chuir an t-abhcóide aon suim ann mar nach raibh aon bhaint aige leis féin. Agus mo dheirfiúr i lár an stáitse, shíl sí go ndéanfadh sí rud orm agus ligean uirthi nár labhair muid ariamh faoi Sheoirse. Rud nárbh fhíor. Bhí muid tar éis go leor cosúlachtaí a aithint idir é agus a grá mór sise, an cloigeann catach dubh, na sé troithe acu beirt, mac léinn leighis eile a raibh claonadh aige i dtreo na litríochta, a thréig ní hamháin ise ach a chúrsa léinn, nuair a casadh Andalúsach air i Londain.

'Shíleas féin,' ar sise, 'go raibh tú thar lear i gcónaí.'

'*Au contraire*,' ar seisean, 'cé nach mbeidh mé i bhfad eile abhus.'

'Aha,' arsa an t-abhcóide. 'Tá cailín agat thall?'

'Cumann leataobhach, b'fhéidir?' arsa mo dheirfiúr.

'Bhí Lís ag caint leat, mar sin?'

'Ní raibh,' ar sise, 'ach cá mbeadh file gan cumann leataobhach?'

'Sea,' arsa an t-abhcóide, 'níl sibh chomh praiticiúil leis an gcuid eile againn.'

'Murab ionann agus mo dheirfiúr, is é mo thuairim féin go gcaithfidh duine fás suas agus aghaidh a thabhairt ar an saol.'

'Cosúil linne,' arsa a compánach.

'Sea,' ar sise, 'cosúil linne.'

'Bhuel,' arsa Seoirse, ag éirí ina sheasamh, 'ba dheas sibh fheiceáil. Abair mé le hOisín nuair a fheicfidh tú é — pé agaibh is túisce a fheicfidh é.'

Níl a fhios agam cén chaoi go díreach a ndeachaigh an comhrá liomsa, ná an comhrá le mo dheirfiúr, i bhfeidhm ar Sheoirse, ach bheartaigh sé teacht amach chugainn uair amháin eile sula bhfágfadh sé an tír. Cuairt ghearr agus bláthanna aige. Rósanna a bhí ar aon dath leis na rósanna a bhí ag fás os comhair an tí againn. Níor chuir sé aon ghlaoch orainn roimh ré agus bhí muid amuigh nuair a tháinig sé. Ar fhilleadh dúinn, tháinig Diarmaid amach an doras chugainn agus na bláthanna aige.

'Duitse, ní foláir,' ar seisean, á síneadh chugamsa agus splanc ina shúile. 'Ní uaimse iad faraor, ach ó Sheoirse.'

'Ó Sheoirse?' arsa mise.

'Thairgíos caifé dó,' arsa Diarmaid, 'ach dúirt sé go raibh sé ar a bhealach chuig an mbád.'

'Bhuel, ólfaidh tú caifé linne mar sin,' arsa Muiris leis. Agus d'ól.

Páipéar bán a bhí ar na bláthanna agus mar nóta air, litir amháin ina láimh féin, S. Shamhlaigh mé ansin é ar an mbád ó Dhún Laoghaire, agus an gníomh ró-rómánsach seo ina chúis aiféala aige.

Beirlín ar Bhus

Bhí meánscoil nua ar an mbaile agus post faighte agam ann ag múineadh Gearmáinise agus Béarla. San Fhómhar a thosóinn. Bhí Muiris ag caint ar shaoire i mBeirlín, an ceathrar againn le chéile. Bhí mise idir dhá chomhairle. Agus an post seo agam — mo chéad phost, beagnach — bhí mé ag ceapadh nach raibh bac anois orainn briseadh suas. Sea, thosóinn as an nua agus roinnfeadh muid cúram na ngasúr. Nárbh shin a dúirt Seoirse liom a chaithfinn a dhéanamh, an uair dheireanach a bhí muid ag caint, nár chun ár leasa é muid a bheith le chéile. Bhí cruálachas ina chuid focal an lá sin agus ina chuid geáitsí. Níorbh ionann sin agus a rá nach raibh an ceart aige. Ná nach dtiocfadh sé ar cuairt chugam agus mé liom féin. Maidir leis an tsaoire, bhí píosa maith den samhradh caite sular thoilíos puball agus ticéid a cheannach.

'B'fhéidir,' ara Muiris, 'go bhfeicfeadh muid Seoirse nó Marina — tá seisean san Ollainn agus tá sise ar chamchuairt Eorpach le ticéad InterRail.'

'Ceart go leor,' arsa mise, 'má tá muid le briseadh suas, bíodh sé seo ag na páistí le breathnú siar air.'

Is iomaí rud roimhe agus ina dhiaidh a rinneamar ar mhaithe le hurá amháin eile. Is dócha gur ar an gcaoi sin, de thaisme agus le himeacht na mblianta, a tógtar an stór cuimhní a mbreathnaítear siar air agus a mbaintear brí as agus a bhfeictear, de réir a chéile, scéal do bheatha ann.

Ar bhus a chuaigh muid, an ceathrar againn ar dhá thicéad agus Art le rá, dá gcuirfí ceist air, go raibh sé in aois a thrí bhliana. Ábhar magaidh aige ó chonaic sé roinnt blianta ina dhiaidh sin, Jack Lemmon agus Tony Curtis, Geraldine agus Josephine in *Some Like it Hot* agus éadaí ban orthu ar thraein, agus 'I'm a girl, I'm a girl, I'm a girl,' acu sin mar a bhí 'I'm three, I'm three, I'm three,' aige féin. Bhí sean-chleachtadh againn ar an gcéad chuid den turas ó obair shamhraidh bhlianta an choláiste. Bád oíche ó Dhún Laoghaire, lá ag póirseáil thart i Londain, bád oíche chun na Mór-Roinne, lá eile ag póirseáil thart ar Amstardam (nó Páras dá mba ó dheas a bhí do thriall) agus oíche eile fós ag taisteal gur shroicheamar ceann scríbe. Ag Geata Bhrandenburg, mar a bhí socraithe againn sular fhág muid an baile, casadh Marina orainn. In éineacht léi bhí a fear nua Finbar a tháinig díreach leis an gcur síos a bhí déanta aici air. Colainn bheag, ceannaghaidh tuartha tarraingthe, agus diongbháilteacht thar cuimse mar chúiteamh aige.

'Tar éis dó céim a bhaint amach sa leigheas an bhliain chéanna liom féin,' arsa Marina, 'shocraigh sé a bheith ina lia súl agus dul ag obair i gcliantacht a athair.'

'Is leor sin faoin obair,' arsa Finbar. 'Déarfainn gur mó an spéis a chuirfeadh sibhse — múinteoirí sibh, nach ea? — sna rudaí a dhéanaim mar chaitheamh aimsire.'

'Nílimse féin ach ag tosú, ach tá ceithre bliana déanta ag Muiris ó fuair sé an Mháistreacht.'

Leanas ar aghaidh ansin ar eagla go gceisteodh Marina mé faoi mo thráchtas féin.

'Cé agaibh is fearr ag glacadh grianghrafanna? Ba bhreá liom ceann den cheathrar againn.'

'Déanfaidh mise é,' arsa Marina.

Agus an chuid eile againn ag gáire, b'fhacthas dom imní a bheith ar Fhinbar.

'Tá's agat,' ar seisean le Marina, 'go maródh m'athair mé dá gcloisfeadh sé go raibh cuairteoirí le leanaí againn san árasán thar oíche.'

B'iontach liom mar chaint mhístuama in éisteacht againne í, ach lig mé orm nár chuala mé é.

'Mhínigh mé an scéal do Mhuiris ar an bhfón,' ar sise os íseal.

'Ceart go leor mar sin,' ar seisean léi go faiteach.

Arsa Marina ansin go raibh Finbar ag ceapadh gur mhaith linn teacht in éineacht leo chuig bialann mac léinn.'

'Áit í a thaitníonn go mór linn féin,' ar seisean go díocasach.

'Áit ar bith a dtogróidh sibh,' arsa mise, 'ach ní fhanfaidh muide rófhada.'

'Ní fhanfaidh,' arsa Muiris, 'mar ba mhaith liom an puball a chur suas faoi sholas an lae.'

Dá ainneoin a dúirt sé an rud ceart, ní dhéarfadh sé d'aon ghnó rud a mbeadh aon rian den searbhas air, ach níor lú an sásamh a thug sé dom mar sin féin.

Trasna an bhoird uaim bhí Muiris agus Marina, Art ar a glúine aicise agus meangadh gáire ar a aghaidh aigesan. Agus a ceann cromtha ag éisteacht le Muiris, b'fhacthas dom go raibh bá eatarthu, bá a bhláthódh b'fhéidir, dá mbrisfinnse le Muiris. Beirt chneasta dhualgasach ab ea iad cinnte, daoine go bhféadfá brath orthu, an sórt go ndéarfá fúthu go rabhadar i dteideal pé sonas a thiocfadh an bealach chucu.

'Ar dhúirt tú ar ball,' arsa Finbar, ag baint geit asam, 'go raibh post nua agat?'

'Scoil nua, níl mórán uaireanta i gceist,' arsa mise.

'Fágfaidh sé sin am agat leis na leanaí.'

'Sin é a shíl mé féin, ach inis dom,' arsa mise, mar nach raibh mé ar mo chompord ag labhairt faoi na leanaí le daoine nach raibh leanaí acu féin, 'ar luaigh tú féin ar ball rud éigin faoi chaitheamh aimsire.'

'Ó,' ar seisean, 'Ficheall agus scríbhneoireacht, "díreach cosúil le Seoirse" a dúirt Marina. Níor casadh orm fós é ach deir sí gur duine le háireamh é. An bhfuil aithne agat féin air?'

'Cairde le Muiris ab ea é féin agus Marina, sular casadh ormsa iad,' arsa mise. 'Nuair a thagann sé ar cuairt imríonn sé féin agus Muiris ficheall.'

'Is deas sin,' arsa Finbar, ach tá gá agam féin le struchtúr. Níl ionam ach ionadaí, ach táim ar fhoireann na hÉireann. An scríbhneoireacht mar a chéile. Easpa samhlaíochta b'fhéidir,' ar seisean ag déanamh maolú lagchroíoch ar a chuid maíomh, 'ach ní bheadh aon scéal foilsithe agam murach na comórtaisí.'

'Gearrscéalta, an ea?' arsa mise.

'Sea,' ar seisean, 'níl agam ach cúpla ceann go dtí seo.'

'Bhuel, tá tú chun cinn ar an gcuid eile againn,' arsa mise, 'i bhfad chun cinn orainn.'

Bhí an-dul chun cinn ann cinnte agus cé gur deacair dom é a shamhlú mar chomharba ar Sheoirse, b'fhéidir mar sin féin go raibh dul amú orm maidir léi féin agus Muiris. Ní hé amháin gur áitigh a muintir uirthi a bheith ina dochtúir, ach bhíodar ag súil go bpósfadh a n-aon iníon dochtúir freisin. Ba chuma cén cion a bhí aici ar Mhuiris, múinteoir a bhí pósta cheana agus clann air ab ea é. Scéal casta ina súile sise agus droch-mhargadh amach is amach i súile a muintire.

Cois locha a bhí an láthair campála. Ar maidin, thug muid faoi deara beirt lads a raibh bríste leathair ar dhuine acu agus seaicéad den leathar céanna, a bhí tréigthe nó a bhí donn ó thús, ar an duine eile. B'fhéidir nach rabhadar gléasta chun bóthair fós nó nach raibh acu ach leathchulaith an duine. Gruaig chatach dhonn ar an mbeirt agus léinte teolaí seice. Cé gur taobh linn a bhí an puball acu, agus iad ag labhairt eatarthu féin fuair muid deacair é iad a thuiscint. Ar deireadh fuair an fhiosracht an ceann is fearr ormsa agus d'fhiafraigh mé céarbh as dóibh.

'Karl-Marx-Stadt,' arsa fear na mbrístí.

'Nó b'shin a bhí air go dtí le deireanas,' arsa fear an tseaicéid.

'Sea, tádar le Chemnitz a thabhairt anois air, mar a bhí sna seanlaethanta.'

'Sea, mar a bhí sna seanlaethanta,' arsa fear an tseaicéid.

'Glacaim leis,' arsa mise, 'nach dtagann sibh leis seo.'

'Ní thagann ar chor ar bith, ach inis dúinn, mura miste leat,' arsa fear na mbrístí agus meangadh gáire thar a bheith tarraingteach ag leathadh ar a aghaidh aige, 'cad as duitse, agus an labhrann gach duine ansin Gearmáinis chomh hardnósach leat féin?'

Arsa a chara ansin, amhail is go raibh píosa páipéir idir

a dhá láimh aige agus é á léamh, 'Guten Abend, meine Damen und Herren. Hier sind die Nachrichten,' gur thit an bheirt acu sna trithí ag gáire agus mé féin in éineacht leo. I ngan fhios dóibh féin, bhí a gcuid spochadh spraíúil tar éis an-mhisneach a thabhairt dom. Má d'fhág an Ghaeilge blas tuaithe ar mo chuid Béarla, agus buachaillí Choláiste na Carraige Duibhe ag tabhairt Peig orm, dá bhfeicfidís anois mé thuigfidís gur éirigh liom leagan caighdeánach, ardnósach fiú, a thabhairt liom i dteanga eile. Maidir le buachaillí Kharl-Marx-Stadt, agus ár dtaom gáirí curtha dínn againn, bhraitheas go raibh náire orthu anois faoina gcuid teanntáis.

'Rud beag amháin,' arsa mise, 'sula mbuailfidh sibh bóthar.'

Bhí tugtha faoi deara agam culaith iomlán leathair a bheith ar an mbeirt acu anois.

'Sea?' arsa fear léite na nuachta, le díocas a raibh cúthaileacht ann chomh maith.

'Ba bhreá liom pictiúr de na leanaí agus iad suite ar bhur ngluaisrothar.'

'An-smaoineamh,' arsa duine acu.

'Cinnte,' arsa an duine eile.

Ní haon ghnáthghluaisrothar a bhí ann ach ceann a raibh carr cliathánach air. D'fhan Úna ina suí sa charrín go raibh ar na buachaillí imeacht.

Ar rothar beirte a raibh suíochán ar an mbarra agus ciseán chun tosaigh a chonaic muid iontaisí na cathrach. Dealbh de chrann os comhair leabharlainne agus é déanta as seanleabhair, béir dhonna i ngairdín na n-ainmhithe, an t-aingeal órga ag ceann aibhinne fhada na gcrann, agus beirt lads arda caola nár labhramar leo. Thugamar suntas do ghile a gcuid gruaige agus a gcuid éadaigh, ach níor bhraith muid go gcuirfeadh na haingil seo ina t-léinte geala, ina jeans néata agus ina gcuid loafers, fáilte roimh chomhrá. A bhfolt bán ag luascadh ó thaobh go taobh agus a gcuid casúr beag ag obair go fuarchúiseach taobh le graffitti dearg a dúirt gan baint leis an múr, *Diese Mauern sind Denkmähler. Bitte nicht berühren.*

Bhí an bus ag déanamh a bhealach go hAmstardam agus muid le dul ar aghaidh go Londain nó tuirlingt den bhus.

'Feicfidh na leanaí tír eile,' arsa Muiris, 'na muilte gaoithe agus na canáil?'

'Íomhánna deasa,' arsa mise, 'ach tugann siad siar mé go dtí an chéad samhradh sin nuair a theip orainn briseadh suas.'

'Tá sé chomh maith againn,' arsa Muiris, 'leanacht orainn agus muid anseo. B'fhéidir go n-ardódh mála oliebollen do chroí?'

Bhí an ceart aige. Is aisteach agus is iontach mar is féidir le rísíní ramhra agus siúcra reoáin réiteach na gceisteanna móra a chur ar athló.

Baile beag ar an Loch Íseal is ea an Díog, áit nach ngabhfá chomh fada leis mura mbeadh gnó faoi leith agat ann. Más buan mo chuimhne, tá trí nó ceithre cinn de thithe pobail ann agus teach ósta amháin a raibh láthair champála taobh thiar de. Ar imeall an bhaile tá tithe den seandéanamh, brící donnrua agus péint dubhuaine, ach níl aon oidhre ar lár an bhaile ach áit a thógfá le lego. Thit mo chroí nuair a chonaic mé an clogthúr gránna agus na foirgnimh nua-aimseartha eile scaipthe mórthimpeall air. Thuigeas ansin nach le Seoirse a fheiceáil, ach le briseadh le Muiris a tháinig mé chomh fada leis an áit seo. Seacht mbliana roimhe faoi scáth an chlogthúir chéanna bhriseamar lena chéile, ach ní raibh de mhisneach againn cloí leis. Faoi cheann seacht-aine, coicís ar a mhéid, bhíomar ag dul le sruth i mbáidín beag iomartha, éadach geal an Domhnaigh orainn agus picnic i gciseán againn. Tráthnóna taitneamhach cinnte, ach amhras nár luamar fite fuaite tríd, amhras nach grá a bhí eadrainn ach easpa diongbhála. Bhí muid níos aibí anois agus ár ndícheall déanta againn, nó b'shin a dúirt muid.

Chuireamar tuairisc Sheoirse sa teach ósta. Bhí sé imithe le cúpla lá. D'ordaigh muid ceapairí tóstáilte.

'Uaireanta,' arsa mise 'ní leor béile le rudaí a chur ina cheart.'

'Tuigim go bhfuil díomá ort,' arsa Muiris, 'bhí mé féin ag súil len é a fheiceáil.'

'B'fhéidir,' arsa fear an tí go cneasta linn, 'gurbh fhearr libh gan campáil anseo agus bhur gcara imithe. Tá seomraí anseo againn. Fanadh sibh thuas staighre ormsa anocht. D'ól Seoirse agus a chairde a ndóthain beorach anseo i gcaitheamh an tsamhraidh.'

Ar maidin lá arna mhárach shiúil muid chomh fada leis an díog, dumhach ollmhór timpeall ar an Loch Íseal, an

Mhuir Theas tráth, a bhfuil céimeanna gearrtha isteach ann. Fána réidh féir ar an taobh eile mar a raibh caoirigh ag iníor. Lánúin agus a gclann óg agus ainmhithe tréadacha, figiúirí beaga mar a bheadh i dtírdhreach ola den ré rómánsach. B'fhacthas dom ag an am nárbh chun mo leasa an chaoi a mbíodh íomhánna mar seo de shíor ag fáil an ceann is fearr orm. Rómánsachas teibí a bhí ann, nár bhain leis an gcroí, nó b'shin a shíleas ag an am.

Le cloí leis an socrú a bhí déanta againn briseadh suas, chuir mé glaoch teileafóin ar Esmé ó stáisiún na mbus in Amstardam. Cé nach bhfeicfeadh muid a chéile chomh minic céanna ó d'aistrigh muid síos chun na habhann, ba chuid de chiorcal cairde a chéile muid i gcónaí. Bhí flat i mbarr an tí réidh aici le ligean ar cíos, trí urlár suas ón íoslach a thug chuig an mbaile seo muid an chéad lá. Deirfiúr le hEsmé a bhí san íoslach anois lena páirtí agus a leanbh nua. Bhí urláir lár an tí ag Esmé agus na gasúir. Bhí teipthe ar a foighid le Johnny agus é ag teacht abhaile mall oíche i ndiaidh oíche. Cúpla oíche nár oscail sí an doras dó, mhaith sí dó é nuair a d'fhilleadh sé lán plámáis an lá dar gcionn, ach ar deireadh chuir sí ó dhoras ar fad é agus is tigh a mháthar a bhí sé anois. Is dócha gurb é is gnách a tharlaíonn i gcásanna mar seo go dtéann an fear chuig an bhflat. Maidir lenár gcás féin, bhraith mé, ós mise a bhí míshásta, gur mise ba cheart imeacht.

An Chéad Gheimhreadh

Filleann Seoirse
Ar theacht ar ais dúinn, chuireas fúm i mbarr an tí gur tháinig mé féin agus Muiris agus ár leanbh nua Art chun cónaithe ann beagnach cúig bliana roimhe sin. Teach ard a bhí ag Esmé a raibh trí urlár chun tosaigh agus ceithre urlár taobh thiar. Bhí báfhuinneog ar gach urlár díobh, seacht gcinn ar fad agus radharc trasna an chuain ó m'fhuinneogsa i gcúl an tí. Bhí bord mahagaine agus cúpla cathaoir i leath-heicseagán na fuinneoige a bhí ar aghaidh an dorais a raibh an sorn agus an doirteal taobh thiar de. Ar aghaidh a chéile idir dhá cheann an tseomra bhí seanmhatal greanta agus leaba. Bunriachtanaisí an tsaoil i seomra fairsing amháin a raibh dath geal ar na ballaí, agus mo sheomra folctha féin agam ag ceann an staighre.

Bhíos tar éis baile a dhéanamh don triúr againn i ngaráiste tí mo mhuintire, in íoslach an tí seo a raibh mé ar ais ann, agus sa teach a cheannaigh muid tar éis dúinn pósadh, ach ba é seo an chéad uair dom cur fúm liom féin. Cá bhfios cén fhad a mhairfeadh an fuinneamh, an neamhspleáchas agus an t-ardú meanma a ghabh leis? Mar a tharla, ní raibh mé ach seachtain san áit nuair a thug

Seoirse cuairt gan choinne orm agus óna chuid cainte, é ina sheasamh san fhuinneog agus soilse Chill Iníon Léinín agus réalta na spéire mar bhrat taobh thiar de, an t-athrú meoin a raibh mé ag súil leis le fada, chreideas go raibh sé tagtha anois air. D'fhan sé liom píosa deas den lá dár gcionn ach is sa teach leis an gcuid eile den chlann a d'iarr sé cead fanacht go Nollaig, agus ina dhiaidh sin dá mba mhian leis, a dúirt Muiris. Tar éis seachtaine eile tháinig Seoirse ar cuairt chugam arís, ach an uair seo d'éalaigh sé roimh éirí dom. Ceist mheitifisiceach faoi pheaca ar a bhéal aige in áit pógadh séimh na hoíche roimhe. Nuair a tharraing sé an doras ina dhiaidh chaoin mé uisce mo chinn. Pé ar bith rud a bhí air, ní raibh leigheas air ach ligean orm go raibh mé féin den mheon céanna. Taobh istigh de mhí d'fhilleas féin abhaile. D'fhéadfaí a rá go raibh sé ró-éasca ar fad agam agus Seoirse ann mar chuid den chomhluadar, ach in ainneoin a shílfeadh daoine ní fhéadfaí a rá gurbh eisean amháin a thug le chéile muid, an Fómhar sin nuair a bhí mé ag ceapadh, agus post faighte agam, go raibh sé chomh maith agam a bheith neamhspleách ar fad. B'fhéidir go ndéanfadh duine iontas agus a bhean ag filleadh ar an mbaile nár dhúirt Muiris lena chara, go raibh 'aiféala air ach go mb'éigean anois dul siar ar an socrú go bhfanfadh sé sa teach go Nollaig.' Níor dhuine Muiris a dhéanfadh an rud a mbeifí ag súil leis, níorbh fhear é a lean gnása ná gur mhór aige coinbhinsiún. B'fhearr leis sa chás seo gan dul siar ar a fhocal. Bhraith sé go m'ionann dul siar ar a fhocal agus ligean do chinneadh a bhí déanta agamsa dul i bhfeidhm ar shocrú a bhí déanta aige féin. Dar leis, dhá rud iontu féin ab ea an cead a d'iarr Seoirse fanacht sa teach go Nollaig agus an cinneadh a rinne mise mí ina dhiaidh sin teacht ar ais abhaile. Thairis sin, b'ionann a leithéid de chomhrá agus aitheantas a thabhairt don cheangal faoi leith idir mé féin agus Seoirse. Ceist eile fós ab ea é sin, nár ghá a iniúchadh róghrinn nó go deimhin áibhéil a dhéanamh de. Agus an aithne a bhí aige orm, thuigfeadh Muiris, murach 'rud éigin' mar a dúirt Seoirse ina litir bliain roimhe sin, a bheith idir mé féin agus é féin, nach gcuirfinnse suas leis níos mó ná cúpla oíche sa teach. Cé nárbh fhear é Muiris a lean coinbhinsiún, bhí discréid agus cúirtéis ag baint leis i gcónaí agus ba mhaith leis na tréithe céanna a bheith ag baint lena bhean. Ar choinníollacha áirithe ghlac sé leis na mothúcháin a bhí aici dá chara — nach labharfadh sí faoi Sheoirse lena cairde nó lena clann agus i gcomhluadar nach léireodh sí aon mhífhoighid leis féin. Déarfaidh tú gur deacair iontaoibh iomlán a bheith ag an léitheoir as an scéalaí ag an bpointe seo, ach socrú ab ea é a réitigh leis an triúr againn agus a thug ábhar gáire dúinn cúpla uair.

Bhí Muiris ar scoil an mhaidin a tháinig an daonáiritheoir chun an tí. Máthair duine de na daltaí agam féin, mar a tharla, agus shíleas i dtosach gur le ceist a bhain liom féin a ardú a bhí sí ann.

'*Not at all*' ar sise, 'dea-thuairiscí ar fad.'

Níor maolaíodh ar an imní a bhí orm mar d'iarr sí ansin cead teacht isteach le go líonfaí an leabhrán ceisteanna a bhí ina láimh aici. Bhí sciorta fada orm, ach ní raibh ar a bharr agam ach camasól agus bhí mé cosnocht.

Maith go leor mura mbeadh ann ach mé féin, ach bhí Seoirse ag déanamh a bhealach aniar ón seomra folctha gan léine air. Níor bhaol dom mar, ar chloisint ár gcomhrá, isteach chugainn é go breá réidh, a lámha agus a chloigeann dubh á ngobadh féin amach in aon iarracht trí na cnaipí leathdhúnta.

'Ócáid bhíobalta,' ar seisean agus tharraing sé cathaoir amach ón mbord don daonáiritheoir. Rinne sí miongháire agus shuigh an triúr againn síos.

'Bhí cara sa teach linn an oíche sin,' arsa mise, 'ar cheart a ainm seisean a chur síos?'

'Más anseo a d'fhan sé an oíche sin,' ar sise, 'is anseo a cuirtear a ainm.'

'Is dócha,' arsa Seoirse, 'gurbh é a bhaile faoi láthair é.'

'Go breá,' arsa an daonáiritheoir agus bhailigh sí léi lena cuid cáipéisí.

Ní bhfuair muid amach ariamh an raibh a fhios aici arbh é m'fhear céile nó ár gcara a casadh uirthi an mhaidin sin a thug sí cuairt ar an teach.

Bhí beart leabhar le m'ucht, sciorta orm go mb'éigean dom é a ardú ar an staighre agus focail an dáin a bhí mé le léamh ag teacht chugam go rithimiúil le gach céim dar thóg mé, *A snake came to my water trough, And I in pyjamas to drink there.* Ag smaoineamh ar mhúinteoir eile, múinteoir in úrscéal leis an údar céanna, a bhí mé agus mé ag déanamh mo bhealach chuig an seomra ranga an tráthnóna sin. An chuairt a thug an fear a raibh sí mór leis uirthi ina seomra ranga i bhfad siar i dtús an chéid; an geit a baineadh aisti nuair a chonaic sí ag an doras é i solas dearg an tráthnóna agus mar a chuaigh an ciúnas mórthimpeall air agus é ag siúl i measc na ndaltaí i gcion uirthi. Ach níorbh phléisiúr gan cháim é a bheith á chur féin in iúl ina fearann sise, mar a las sé na soilse leictreach — cigire ab ea é — agus mar a dúirt sé gur cheart do na daltaí dathanna a chur ar na líníochtaí a bhíodar ag déanamh de chaitíní. Shíl sí féin, agus tuigim di, go millfeadh na criáin na cóipleabhair. An mbraithfinnse an choimhlint chéanna ionamsa idir an bród agus an náire dá dtiocfadh Seoirse isteach sa rang chugamsa? Bheadh an ciúnas sin mórthimpeall air, ach bheadh freisin a chuid tuairimí féin aige, cur chuige nó léamh nua ar ábhar an cheachta, agus mise cosantach b'fhéidir ar mo mhodhanna féin. Frog a dhúisigh as mo chuid brionglóidí mé. Ag preabadh anuas an staighre a bhí sé agus buachaill ina dhiaidh ag iarraidh breith air. Agus é stoptha leis an scéal a mhíniú dom, d'éalaigh an frog uaidh agus d'fhill an buachaill go drogallach ar an seomra ranga. Ní raibh de shólás aige ach gurbh é rang deireanach an lae é.

Ag siúl abhaile cois na habhann dom agus m'aghaidh dírithe ar scaoth éanlaithe sa spéir os mo chionn, ghlaoigh cailín amach ón gcosán trasna uaim, cosán na gcrann, 'What's she lookin' at?' 'The birds, stupid,' an freagra a thug a compánach uirthi. Rud chomh tarraingteach leis ní fhaca mé roimhe. Bhí mé faoi dhraíocht aige mar léiriú. Rinne mé iontas nach raibh a léithéid feicthe agam cheana. Cé go raibh eochair dhoras an tí i mo phóca agam, shíleas gurbh fhearr a thiocfadh cnag ar an bhfuinneog le dráma an radhairc. Nuair a d'ardaigh Seoirse a cheann óna leabhar shín mé méar i dtreo na spéire agus sméid air teacht amach. Thug sé na leanaí chuig an doras. Thógas féin Úna i mo bhaclainn agus rug Art greim láimhe ar Sheoirse. Sheasamar i lár na páirce agus bhaineamar lán ár súl de dhragún a rinneadh eitleog de agus figiúirí eile nach iad. Ní hé amháin go raibh an rud ar fad ag cur crutha nua air féin, ach le gach athrú treo bhí mar a bheadh claochlú ag teacht ar gach éan ar leith. Bhriseadar iad féin suas i ngrúpaí ansin, cuid acu sínte amach ina ribín fada amhail is gurbh ó shimléar galbháid nó traenach a bhíodar ag teacht agus an chuid eile bailithe i ndlúthliathróid dubh a mhéadaigh de réir mar a tháinig péire ón taobh seo nó trí cinn ón taobh eile agus go ndearnadar iad féin a nascadh leis an meall mór dubh a bhí ann anois le tamall. Thiteadar ansin in aon ruathar tobann, an meall ar fad mar a bheadh éan ábhalmhór amháin ar foluain os ár gcionn, gach éan beag mar chleite ag corraí go fraochmhar ar fhathach d'éan a d'ardaigh é féin go tobann arís, gur bhain sé gach 'ú' agus 'á' asainn mar a bhainfeadh gleacaí as leanaí ag sorcas. Bhí díomá orainn nuair a thuirsigh Úna de, nó gur airigh sí an bearradh a bhí tagtha ar an ngaoth. Thugamar aghaidh ar an teach agus bhí sé chomh maith againn, mar bhí ligthe i ndearmad agam go raibh veain ag teacht chugainn an tráthnóna sin le bord ó shiopa athláimhe.

'Roundtable for Mrs Woods,' arsa fear an veain, agus bileog páipéir ina láimh aige.

'Tá tú san áit cheart,' arsa mise, cíocrach chun an athchóirithe a leanann teacht píosa nua troscán chun an tí.

'Tá sé ina phíosaí,' arsa fear an veain 'tabharfaidh mé an barr do Mr Woods anseo, is é is troime.'

Chuir Seoirse an diosca mór faoina ascaill agus rinne meangadh siar thar a ghualainn liom agus é á ardú go cúramach thar tháirseach an tí. Bhí ráithe ann ó d'fhilleas ar an teach agus rún agam gan a bheith le Seoirse arís nó go mbeadh an t-am ceart, nuair a d'aireoinn go raibh ár dtroscadh dulta i bhfeidhm air agus é ag breathnú orm le súil eile.

'Tá súil mhaith aici féin,' arsa fear an veain le Seoirse, 'agus í go maith in ann margadh a dhéanamh, leathchéad a bhí marcáilte air. Go maire sibh is go gcaithe sibh é.'

Agus fear an veain ag imeacht leis, chonaic muid Muiris ag teacht aníos an bóthar ar a rothar.

'Ar dhúirt mé libh,' arsa Seoirse, 'go mb'fhéidir go mbuailfeadh Dara isteach anocht?'

'Dúirt,' arsa mise, 'agus cheannaigh mé ronnach dó.'

Deartháir le dlúthchara scoile ag Marina ab ea é agus é ina chara anois ag Seoirse.

'Iontach,' arsa Seoirse. 'An raibh a fhios agat go mbíonn sé ag iascach?'

'Ní cuimhin liom gur dhúirt tú é sin,' arsa mise. 'Níl ann ach gur inniu an Aoine. Is cuimhin liom gur dhúirt tú nach léann sé leabhair.'

Arsa Muiris ansin go tobann, 'Ná habair é sin leis.'

'Ó,' arsa Seoirse, 'níor mhiste leis é mar prionsabal aige is ea é.'

'Mar sin féin,' arsa Muiris.

'Chuirfeadh sé láithreoir teilifíse ar chlár dúlra i

gcuimhne dom,' arsa Muiris sa chistin, agus Seoirse ag labhairt lena chara sa seomra suí.

'Sin é go díreach,' arsa mise, 'an mothall catach, an fhéasóg fhionn, an t-éadan griandóite agus an cineál sin seaicéad gan mhuinchillí. Nuair a dúirt Seoirse nach léann Dara leabhair, is dócha gur litríocht seachas an *National Geographic* bhí i gceist aige.'

Bhain sé geit asam nuair a chonaiceas ina sheasamh ansin é idir an drisiúr agus bun an staighre. Má chuala sé ag caint muid níor lig sé tada air. Chuir sé buidéal fíon geal i mo láimh agus thairg cúnamh dom. Thug mé cúpla rud dó le cur ar an mbord agus nuair a bhí a chúl liom thug mé sracfhéachaint ón gcistin, go mbainfinn pléisiúr as Seoirse agus a chara a fheiceáil, beirt fhear mhóra agus iad go cúramach ag plé leis an tasc beag seo. Ní raibh muid féin i bhfad ina ndiaidh leis an iasc agus na fataí.

'Baisteadh maith ag an mbord nua,' arsa Seoirse.

Bhí Dara ag ithe, ach mar mholadh ar an mbéile rinne sé an t-iasc a phriocadh agus é ag breathnú orm agus a shúile ar leathadh.

Ag nóiméad a shíl mé a bheith ceart, d'fhiafraigh mé de cén chaoi a raibh an iascaireacht aige féin. Thug mé faoi deara chomh beacht a bhí na freagraí aige. Bhí rud eile ann, tuiscint ar na séasúir. I gcomparáid leisean ba bheag an bhaint a bhí ag na séasúir le mo shaolsa. Leabhar a léamh cois tine nó sa ghairdín, na héadaí a thriomú ar chúl na gcathaoireacha taobh istigh nó ar an líne taobh amuigh. Ba mhar a chéile ag ár muintir agus ag ár gcairde ar fad é. Bhí dalta sa scoil agam a raibh a mhuintir ag cur fúthu cois na habhann anseo le glúnta, buachaill beag gealgháireach fionnbhán a ghlac go réidh leis an saol agus nach gcuireadh mórán stró air féin lena chuid oibre baile. Agus aiste le scríobh faoina gcaitheamh aimsire níl fhios cén ghliondar a chuir sé orm agus an cur síos a rinne sé ar an iascaireacht. Chuaigh an t-údarás a léirigh sé ar thaoidí, ar aimsir agus ar chineálacha iasc i gcion orm agus ghnóthaigh sé A ar a shaothar.

Ag breathnú arís dom ar an gcuairteoir ó iarthar tíre agus ag machnamh dom ar a stuaim shocair, neamh-fhoclach agus ar bhealaí ársa a shlí bheatha, bhraith mé nár dhuine é go gcuirfinn cluain air mar a chuir ar a chara Seoirse. Má bhí sé tarraingteach, ina chanúint agus ina ghnúis, agus tuiscint aige nach raibh agam féin ar an dúlra, bhraith mé mar sin féin nach mbeadh aon tuiscint ná foighid aige le bealaí casta dhéfhiúsacha m'intinnse. Bhí deifir amach orm an tráthnóna sin chuig céilí scoile agus dúirt Seoirse go léifeadh sé scéal d'Art.

'B'fhéidir,' arsa mise lena chara, 'go mbeifeá fós anseo nuair a thiocfainn abhaile.'

'Bhuel pé acu,' ar seisean, 'an mbeidh nó nach mbeidh, thaitin an béile go mór liom, agus an comhluadar.'

Taobh leis na tithe a shiúladh muid san oíche, seachas faoi na crainn a bhí ar imeall na páirce trasna uathu. Sraith tithe cúnga dhá stór ar airde, gach teach acu agus a radharc féin aige ar na crainn faoi leith a bhí os a chomhair amach. Géaga loma na gcrann mar a bheadh líníocht trasna na spéire gealaí os cionn an bhaile. Fána aníos ón sean-

droichead eibhir go dtí seanteach na cúirte, a bhfuil an
t-eibhear céanna timpeall ar na fuinneoga. Casadh ar clé i
dtreo na farraige. 'Óstán Uí Chuinn — 1775' atá ar an
gcomhartha taobh amuigh. Casadh ar dheis idir siopaí
Ardán Gholdsmith, sraith tithe cónaíthe maorga dearg-
bhrící tráth, agus séipéal eibhir na bPreispitéireach atá
maorga i gcónaí, crainn dhorcha iúir timpeall air agus teach
gotach geal an mhinistéara taobh leis. Ar chlé arís agus
casadh eile i dtreo na farraige ag gairdín na leabharlainne,
foirgneamh eibhir aon stór le fuinneoga muilleannacha
cloiche. Ag foirceann eile na sraithe sin a bhí an scoil, foirg-
neamh dhá stór a raibh clúdach soiminte air agus gairdín
a bhí cosúil le gairdín na leabharlainne os a chomhair
amach. Bhí cosáin trína lár acu a rinne dhá leath cothroma
de phlásóga féir — ceapacha bláthanna a bhí go doras na
leabharlainne agus crainn róis go doras na scoile. Idir an
dá fhoirgneamh phoiblí seo tá tithe cónaithe a tógadh idir
an dá chogadh, bungalónna le fuinneoga muilleannacha
adhmaid agus pirimidí dearga slinne mar dhíon orthu, stíl
choitianta sa cheantar lenar líonadh na spásanna idir na
sraitheanna tithe maorga a tógadh ar na bóithre idir an
tSráid Mhór agus Bóthar na Trá nuair a bhí an baile i mbarr
a réime sa chéad roimhe sin. Níor shantaigh mé seanteach
mór, ach samhlaíodh dom sna bungalónna sin sóchúlacht
agus socracht nach raibh sroichte go fóill againn, trí
sheomra leapa, seomra bia, halla agus gairdín agus cuid acu
chomh tarraingteach le péintéireacht ar bhosca seacláidí.
Bhí an céilí faoi lánseol nuair a shroich mé an scoil agus na
buachaillí, duine in dhiaidh a chéile, do mo thabhairt

amach ar an urlár ag rince. An buachaill a ndeachaigh an frog amú air agus ar siúinéir anois é, duine den chúpla, ar dochtúirí anois an bheirt acu agus, díreach roimh imeacht dom, buachaill na súl donn. Mar gheall ar a chosúlacht le Seoirse ba é an t-aon duine acu é go mbraithinn cúthaileach leis amanta.

Nuair a tháinig mé isteach bhí Muiris imithe chuig an leaba agus bhí Úna ina codladh ar a ghualainn ag Dara, a bhí ag siúl timpeall léi fós. Níorbh iad na 'bamaí teidí' a chuireas uirthi ar ball a bhí uirthi ach péire pitseamaí eile. Bhí sí tar éis a bheith tinn agus b'éigean do Sheoirse malairt éadaigh a chuir ar a leaba sise agus air féin chomh maith. Léine a thaitin liom a bhí air anois. Lean mé Dara suas an staighre agus bhraith mé, tar éis dó Úna a leagan síos ar an tocht a bhí mar leaba aici ó thit sí trí urlár an chliabháin, gur fhan sé gar dom agus mé ag socrú na bpluideanna timpeall uirthi. Níor lean mé síos é. I mo sheomra féin, go hansocair ar eagla go ndúiseoinn Muiris, chuir mé malairt éadaigh orm féin agus bhí buidéal fíona agus trí ghloine i mo láimh agam nuair a bheannaíos arís dóibh. Ní cuimhin liom anois cén t-ábhar comhrá a bhí againn ach gur réitigh muid go maith lena chéile. Seoirse eile a bhí anseo thar mar a bhí agus é le Muiris. Meas tú ar thaitin sé chomh mór céanna liom? D'airigh mé mé féin ag smaoineamh freisin ar Dhara. I mo sheasamh agus mo dhroim leis an tine a bhí mé, lámh ar an matal agus mé ag breathnú tamall ar dhuine acu, tamall níos faide ar an duine eile. Amhail is go raibh léamh ag Seoirse ar mo chuid smaointe, shiúil sé tharam

agus shlíoc cúl mo láimhe le barr a mhéire, gotha máist-
riúil, nó athartha a bhfaca mé cosúlacht idir é agus an
bealach taitneamhach a scuabfadh fear bean roimhe len é
féin a chur idir í agus na carranna agus iad ag trasnú bóthair.
Thosaigh Dara ag caint ar imeacht.

'Leis an bhfile a fágtar mé mar sin?' arsa mise nuair
nach raibh ann ach an bheirt againn.

'An mar sin é?' arsa Seoirse.

'Sea,' arsa mise.

Focal eile níor labhradh an oíche sin. Bhí an céalacan caite.
Bhí ár ndóthain cainte déanta againn le ráithe. Lean
muirniú in áit mínithe, pógadh in áit plé agus tost lán-
tuisceana in áit na cainte. Tost nár briseadh fiú nuair a
chualathas Úna ag bogchaoineadh. Chuaigh Seoirse in
airde lena breith anuas chugainn, sheas agus a dhroim
fhada leis an drisiúr agus cloigeann an chailín bhig ar a
ghualainn aige. Bhí sí socair ach ní raibh sí tinn. An
Teaghlach Naofa an íomhá a chonaic mé sa scáthán os
cionn an mhatail. Shlíocas cloigeann an linbh agus leanas
buataisí Sheoirse suas an staighre. Nuair a leag sé síos ar an
tocht í, shocraíos na pluideanna timpeall uirthi agus
bhraitheas gar dom é. Bhí 'Little Red Rooster' le cloisteáil ar
éigean ón seinnteoir ceirníní sa seomra suí agus sa
leathsholas a tháinig aníos ón gcistin, mar a bheadh sí i
dtámhnéal brionglóide, d'fhan súile an linbh ag breathnú
orainn. Sa chiúnas sular thosaigh an ceirnín athuair ar
'Satisfaction' thit a codladh uirthi agus bhí tamall ann,
tamall ceanúil séimh, sular fhágamar bun an tochta.

Slíocadh mall méire ar chúl a mhuiníl, a mhéara seisean ar mo bhaithis, mar a bheadh beannú nó sacraimint ann. Comhbhá mar é níor bhraitheas go dtí sin, tuiscint nár shíleas a bheith ann ó thitim an chine dhaonna agus an séimhe a mhúscail sé ionam, sásaíodh le póg.

Cúpla lá ina dhiaidh sin is ea a chuir mé Seoirse in aithne do mo mhuintir. Bhí bliain go leith ann ó bhuail mo mháthair leis, lá baiste Úna agus ba é seo an chéad uair dó casadh ar m'athair. Chuaigh sé i gcion ar an mbeirt acu. Déarfainn fiú go rabhadar faoi dhraíocht aige. Mo mháthair sa teach agus m'athair in árasán nua, scartha le trí bliana, ba bheag rud gur réitigh siad faoi ach chonaiceadar beirt i Seoirse tréithe a bhraitheadar go raibh buntábhacht leo, tréithe éagsúla gur dhúradar beirt a bhí in easnamh ar an duine eile acu. Más dá chuid léitheoireachta a thug m'athair suntas agus dá mhothálacht a rinne mo mháthair tagairt, ba léir domsa agus b'ardú croí dom é, mar a bhíodar beirt ar a suaimhneas leis. Cé go bhfuil siad an-difriúil, tá de chosúlacht eatarthu go mbeadh díomá orthu le duine a léireodh easpa eolais nó bá. Le hómós dóibh, ba bheag a dúirt sé i ndáiríre, ach d'aimsigh sé ní hé amháin an focal ceart ach an guth ceart chomh maith. Bhí cion acu ar Mhuiris, agus níor mhaith leo go ngortófaí fear maith mar é, ach an Nollaig sin bhraitheas dá mbeadh mo chleamhnas le déanamh arís, gurbh é Seoirse a rogha páirtí dá n-iníon. Ní cuimhin liom an comhrá an chéad chuairt sin aige ar an arasán. Ní cuimhin liom ach go raibh aoibhneas ag baint leis, mar a bhí leis an gcluiche Scrabble tigh mo mháthar.

Cluiche a mhol sise is a bhuaigh seisean. Mé féin agus Muiris a bhí ag imirt in éineacht leo. Nuair nach raibh sé linn an chéad uair eile, chuireadar a thuairisc agus, dá n-ainneoin is dócha, dúradar gur dathúil an fear óg é.

Ní haon aoibhneas gan mhaolú a bhí sa séasúr. Is cuimhin liom drochlá amháin seachtain na scrúduithe.

'Breathnaigh ar Úna,' arsa Art liom agus mé fós sa leaba.

Bhí imní nó éiginnteacht nár thaitin liom ina ghlór. Ní raibh tugtha faoi deara agam go dtí sin an chosúlacht idir é agus glór Mhuiris, glór a bhaineadh geit asam nuair a ghlaodh sé orm ionas go mb'fhearr liom nach ndéarfadh sé m'ainm ar chor ar bith. Glór gan athrú gur deacair gan easpa de shórt éigin a shamhlú leis. Smaointe cráite a mhúsclaíodh sé ionam ar réimsí samhailteacha, tuisceana agus mothúcháin a bhraitheas uaim. Chuir sé as dom an tréith seo a bheith tugtha leis ag Art. Leagas é agus mé ag éirí go tobann le breathnú ar Úna. Bhí tuairim mhaith agam nach raibh sí i mbaol. Ní le himní faoi Úna ach le díomá a shatlaíos ar Art bocht. Má bhí Dia ann, ba ghearr go raibh ceacht aige dom faoi pheaca an uabhair. Níl a fhios cén doilíos croí a bhraitheas nuair a chonaic mé gur gearradh a bhéal, agus ba mheasa ná sin fós an náire a bhraitheas nuair a ghlaoigh sé go faiteach ar Mhuiris agus muid ag dul síos agus greim láimhe agam air, 'Tá mama le mé a bhisiú.'

Bhí mé ag feitheoireacht an lá sin i halla na scoile agus cé go raibh orm sracfhéachaint a thabhairt anois is arís ar na daltaí nó corrcheist a fhreagairt, d'éirigh liom clár na seirbhíse carúl a scríobh, tasc a thaitin liom. Bhraith mé nár tháinig mo chuid peannaireachta greanta, ná go deimhin aoibhneas na n-iomann le radharc fuilteach na maidine. Le taom aithreachais b'fhéidir, thosaigh mé ar ghlanadh mór nuair a tháinig mé isteach agus bhí mé tugtha faoin am ar tháinig Muiris isteach.

'Cén mhaith obair chomh crua sin?' ar seisean.

'Ba mheasa mé gan é a bheith déanta agam,' arsa mise.

Suas liom ansin agus thit mo chodladh orm. D'fhanfainn ann go maidin ach gur ghlaoigh Muiris orm. Bhí sé ag dul chuig an siopa agus d'iarr sé orm fataí na hoíche roimhe sin a ghearradh agus iad a chur ar an bpan. Tháinig dath deas orthu, ach bhraith mé féin fuar, tuirseach fós. Ní raibh ann ach muid féin agus thit mo chodladh orm tar éis dom na leanaí a chur a luí. Dhúisigh mé nuair a chuala mé Seoirse ach, faraor, níor fhan mé go maidin le labhairt leis. Sa chistin a bhíodar ina suí ag ól caifé agus ag caitheamh toitíní.

'Ghlaoigh mo dheartháir ar ball,' arsa mise, 'le rá nach mbeadh sé sa chearnóg sin roimh a haon dhéag.'

Bhí Marina le lóistín cúpla oíche a thabhairt do mo dheartháir agus iad beirt ag múineadh Béarla i Maidrid.

'Fanfaidh sí,' arsa Seoirse go giorraisc, 'is minic a d'fhan sí an fhad sin nó níos faide orm féin.'

'Níor mhaith liom,' arsa mise, 'go gceapfadh Marina go raibh mo dheartháir mímhúinte agus gan scéala a chur chuici.'

'Is fearr,' ar seisean, 'cloí leis an gcéad socrú.'

'Ní maith liom í a bheith ag fanacht an fhad sin ar mo dheartháir nuair a d'fhéadfá glaoch uirthi.'

'Ní theastaíonn uaim glaoch uirthi,' arsa Seoirse agus béim aige ar gach siolla.

'Bhí ainm caifé aige,' arsa mise.

'Níl fúm é phlé,' ar seisean.

Bhí an tEarrach ann ó chuala mé caint mar sin aige, an lá mí-ábharach sin ar na céanna. Tháinig an tormáil teasairí, an geonaíl faoileán agus an glagarnach gréithre ar ais chugam. Bhraith mé an uair seo go raibh Marina á cláradh aige chomh maith liom féin.

'Nach bhfuil anois?' arsa mise agus na leabhair a bhí i mo lámha ag imeacht san aer gur bhuaileadar an balla, ceann ar gach taobh de.

'Mé a ionsaí,' arsa Seoirse, á dhíriú féin aníos agus ag caitheamh a chloigeann siar, 'an é sin atá uait anois?'

'Ní tusa ach an balla a bhuaileas,' arsa mise.

'Ba mhar a chéile é ó mo thaobhsa de,' ar seisean.

'Chaith mé leabhair le balla, ach,' arsa mise, chomh neamhchosantach agus ab fhéidir liom, 'ná cuir ionsaí i mo leith.'

Phioc mé suas an dá leabhar den urlár. Bhreathnaigh an bheirt acu orm ach níor dhúradar dada a mhaolódh an mhiontragóid thruamhéalach a bhí á léiriú féin os a gcomhair amach. Níor thug mé aon deis dóibh.

'Bíodh agaibh mar sin,' arsa mise, agus luaithreadán ag stealladh deannaigh ag imeacht tríd an aer a d'fhág gearradh uaine i bpéint dhubh dhoras an chlóis. Meabhrú nár fháiltigh mé roimhe ar thimpist na maidine.

'Cuireann sé alltacht orm,' arsa Seoirse 'nuair a thosaíonn tú ar an ealaín sin. Déanann sé smionagar díom.'

Bhí athrú in a ghlór, cineáltas, agus bhí muinín agam as anois nach raibh agus é cosantach. D'fhanas i mo thost agus lean sé air.

'Tá cion agam ort,' ar seisean, 'mar chara agus ní maith liom tú a fheiceáil mar sin.'

Chlaon sé a cheann agus d'imigh leis go caoin chuig an seomra eile.

An maithiúnas a d'iarr mé ar Mhuiris an oíche sin, ní faoin lá sin amháin a bhí sé, ach faoi mhífhoighid na seacht mbliana go dtí sin, agus faoi cá bhfios cé na blianta ina dhiaidh go dtiocfadh ciall chugam.

'Is maith liom an leabhrán a rinne tú,' arsa an múinteoir ealaíne tar éis na seirbhíse carúl.

'Ní fhaca mé ariamh,' arsa mise, 'fleasc aidbhinte chomh deas leis an gceann sin a rinne tú féin.'

'Tóg leat é,' ar seisean, 'beidh mo mháthair ag rá liom nach bhfuil aon áit ann dó … san óstán.'

'Ha,' arsa mise agus mé ag gáire. 'Go raibh maith agat agus Nollaig Shona duit.'

Ar theacht isteach dom, d'fhágas an fleasc i lár an bhoird chruinn agus chlaon mé mo cheann le Seoirse. D'fhan sé mar a raibh sé. Thaitin sé liom mar radharc. Tháinig sé le haoibhneas an lae go dtí sin agus níor mhaith liom cur isteach air. M'fhile caol dubh agus an chathaoir casta i dtreo na fuinneoige aige le go dtitfeadh solas deireanach an tráthnóna ar a leabhar nótaí. Chóirigh mé na leapacha agus nigh mé na gréithre. Agus monabhar na leanaí mar thionlacan agam, is ar Sheoirse a bhí mo mhachnamh. Bhí an oíche tite nuair a bhreathnaigh mé isteach air. Sa chathaoir chéanna a bhí sé ina shuí, casta arís i dtreo an tsolais. Ní raibh aon oidhre ar an radharc ach péintéireacht le George de la Tour. Níorbh é an lampa a bhí lasta aige, ach na ceithre choinneal a bhí ar an bhfleasc aidbhinte. Sínte sa chathaoir eile, níl fhios cén suaimhneas a bhraitheas. Bhí an tost mar a bheadh barróg timpeall orm ina raibh tuiscint, maith- iúnas agus athmhuintearas. Agus mura raibh mo dhóthain ansin agam, seo Muiris isteach chugainn faoi ualach bhoscaí pizza agus buidéal fíon dearg.

'Ní le harán amháin a bheathaítear an duine,' arsa Seoirse lena chara. 'Is breá an suipéar atá ansin agat.'

'Tá coinneal an duine againn,' arsa Art nuair a bhí muid suite chun bord. Nuair a chas an comhrá ar cheisteanna diagachta níorbh é Art ach Muiris a thuirsigh de.

'Is maith liom an comhrá seo,' arsa Art agus a athair imithe a luí. 'Deireann muid rud agus ansin deireann muid arís bealach eile é.'

'Tá fáth ann,' arsa Seoirse, 'gur féidir leatsa labhairt mar seo agus tú fós sna naíonáin.'

Faoi thransubstaintiú, faoi chomhshubstaintiú agus faoi chuimhneacháin a bhí muid ag caint.

'Cén fath?' arsa Art.

'Bhuel,' arsa Seoirse, 'Nuair a bhí tú beag labhair do mhama agus do phapa leat faoi gach rud faoin spéir.'

'Bhfuil a fhios agaibh,' arsa mise leo, 'go bhfuil sé thar am ag an naíonán seo a bheith ag tabhairt aghaidh ar an leaba.'

'Cén fáth?' arsa Art arís.

'Mar tá sé éirithe an-mhall. Abair Oíche Mhaith anois le Seoirse.'

Tuigeadh dom nuair nach raibh ann ach an bheirt againn, in ainneoin na gcoinnle, na fíona, agus mar a dúirt sé 'do mhama', nach raibh aon rún ag Seoirse athimirt a dhéanamh ar oíche an chéilí, nuair a bhí Úna tinn agus nuair a tháinig deireadh le troscadh trí ráithe. B'fhéidir go raibh an ceart aige. An méid sin féin, ba mhór an feabhas é ar achrann na hoíche roimhe.

Tar éis an Aifrinn rinneadh an dara pota tae agus dáileadh na bronntanaisí. Bhí traein bheag dhearg ag Seoirse d'Úna agus bhronn sé Odaisé do leanaí ar Art. Bhain an chuach-chlog a bhronn Muiris ormsa gáire asainn tamall ach níor mhair an ardmheanma. Bíonn tuirse ar mháithreacha maidin Lá Nollag tar éis an dua a bhaineann le scríobh na gcártaí, le ceannach bronntanaisí, le cóiriú an tí, le bácáil, le gléasadh na leanaí, agus le réiteach an bhéile mhóir. Mar a bhrisfeadh tochras iomarcach clog, chlis ormsa nuair a chas an comhrá ar chúrsaí polaitíochta.

'Ceist aeistéitice é chomh maith le gach rud eile,' arsa mise, 'ach creidim féin go bhfeicfidh muid an lá gurb ionann limistéar geografe agus limistéar polaitiúil na tíre.'

'Ní thagaim leis sin ar chor ar bith,' arsa Seoirse. 'Tá tíortha ar fud na cruinne nach ionann an rud ar a dtugann tusa a limistéar geografe agus a limistéar polaitiúil.'

'Is dócha go bhfuil,' arsa mise, 'ach ní fúthu sin atá muid ag caint, agus tuigeann tú céard atá mé ag rá.'

'Ní thuigeann,' arsa Seoirse.

'Ag ligean ort atá tú,' arsa mise.

'Fág mar sin é, a Lís,' arsa Muiris.

'Ó, bíodh agaibh,' arsa mise ach fiú sula raibh an naprún bainte díom agam bhí na deora ag bogadh i mo shúile.

Lena cheart a thabhairt dóibh, dúirt Muiris go raibh tamall fós ann go mbeadh an turcaí réidh agus dúirt Seoirse mura raibh cúnamh uainne go ngabhfadh sé féin amach ag siúl. Níor fhág Muiris fúmsa ach leagan an bhoird, cúram a chuir ar mo shuaimhneas i gcónaí mé, fiú má bhí an t-éadach fós le hiarnáil agus brasso le cur ar na coinnleoirí.

'Á,' arsa Seoirse, nuair a tháinig sé ar ais tar éis a shiúlóide, 'na lachain bheaga adhmaid — chonaic mé a ndeartháireacha agus a ndeirfiúracha ar an slip taobh thíos d'Ardán Mhartello.'

B'shin é an lá ar tháinig deireadh le hAontas na Sóivéideach. Dúirt Thatcher in agallamh teilifíse, go raibh triúr acu ann — í féin, Gorbachev agus Bush.

'Is dócha,' arsa Seoirse agus é ag caochadh súl liomsa, 'go bhféadfaí é chur mar sin.'

'An cuimhin libh an póstaer,' arsa Muiris ansin agus é ag magadh faoi féin, 'ina raibh sise i bpáirt Scarlett O'Hara agus Reagan i bpáirt Rhett Butler, is dócha gur i bpáirt Ashleigh bhoicht a bheadh Gorbachev.'

Oíche Chinn Bhliana agus Seoirse ar chóisir sa chathair le daoine a bhí in aon rang leis sa choláiste, bhí muid féin ar chóisir tigh Dhiarmada. Nuair nach raibh fágtha ach an bheirt againn, agus cúpla buidéal fíona ólta aige féin, labhair sé go cneasta linn.

'An bhfuil fhios agaibh, ach tá mé faoi dhraíocht ag an mbeirt agaibh.'

Bhí daoine ann a bhí in amhras fúinn, agus ba mhinic mé féin ina measc, ach thug caint Dhiarmada misneach dom agus bhraith mé miongháire ag leathadh ar m'aghaidh.

'Fear an-bhreá é Seoirse freisin,' arsa Diarmaid, agus chaoch sé súil ormsa. 'Chonaic mé péintéireacht le Courbet i nDánlann na Cathrach an lá cheana agus shíl mé gur pictiúr Sheoirse an fear a bhí ann, *L'Homme á la Ceinture de Cuire.*'

Baineadh siar asam nuair a dúirt Muiris, agus muid ar ais sa bhaile, go raibh sé ag ceapadh gur cheart dúinn cónaí linn féin arís.

'Ó,' arsa mise, 'nach bhfuil muid ag réiteach go maith lena chéile anois?'

'Sin é go díreach,' ar seisean, 'a bheith linn féin i gceart gan Seoirse.'

'Ó,' arsa mise arís, 'nach bhfuil muid ar fad ag réiteach go maith lena chéile?'

'Tá cairde eile aige,' arsa Muiris.

Bhraith mé an tocht sin a ghabhann le géilleadh agus maolaíodh ar an bhfonn a bhí orm dul in airde staighre leis. Cé nach raibh Seoirse geallta filleadh go dtí an lá dar gcionn, d'fhan mé tamall eile cois tine.

Thart ar a trí a tháinig Seoirse isteach ón gcóisir. A trí ar maidin.

'Fuair mé síob cuid den bhealach,' ar seisean, 'ach shiúil mé cuid mhaith de. D'fhágas roimh an dá bhuille dhéag. Níor bhraith mé ar mo shuaimhneas leo. Ní ionann agus libhse.'

Rinne mé tae, ach dúirt Seoirse nach bhfanfadh sé i bhfad eile ina shuí.

'Ar labhair tú leis fós?' arsa Muiris liom an lá dar gcionn.

'Nuair atá an t-am ceart déarfaidh mé leis é.'

Cúpla lá ina dhiaidh sin bhí stuaic orm le Muiris. Chuir Seoirse a ladar sa scéal agus dúirt go raibh mise mar a bheadh páiste agus nach raibh ag déanamh imní dom ach mé féin.

'Mise? Breathnaigh ortsa, ag imeacht le haer an tsaoil ar nós na ngasúr.'

Agus b'shin an uair a dúirt mé leis é. Mar a bheinn ag gearradh pionóis air, rud nár thaitin liom nuair a d'fhéach-ainn siar air, mar go meabhraíodh sé dom Peadar féin ag séanadh Chríost trí huaire.

Suas an staighre liom chuig Muiris agus d'insíos dó mar a bhí cúrsaí. Bhí Seoirse bailithe leis faoin am ar tháinig muid anuas agus d'airigh mé uaim cheana féin é.

'Gan slán fiú,' arsa mise, 'bhí an ceart ag an té a dúirt nach raibh ann ach pleota.'

Ní slán a bhí uaim, ach athmhuintearas.

'Ní dóigh liom,' arsa Muiris,' gur ar mhaithe leis féin ar fad a bhí sé. Ná déanadh muid dearmad cé chomh cneasta, cé chomh tuisceanach a bhíonn sé leis na páistí.'

Bhí cnag ar an doras ó thuaidh. Muiris a scaoil an bolta, agus mar a rinne mé go minic roimhe sin, chuir mé cluas le héisteacht orm. Ní raibh rud ar bith a déarfadh sé nach gcuirfinn spéis ann, ba chuma ar mhaith liom é nó nár mhaith.

'Meas tú,' ar seisean, 'an bhfaca tú an seanhata sin a d'fhág Dara ina dhiaidh?'

'Meas tú,' arsa Muiris liomsa, 'an bhfaca tú an seanhata sin a d'fhág Dara ina dhiaidh?'

'Tá píosa ann ó bhí sé anseo,' arsa mise. 'Breathnóidh mé sa chiseán níocháin.'

Bhí Muiris bailithe leis as mo bhealach isteach sa seomra eile mar bhí a fhios aige, murab ionann agus aon chúram eile, nach maith liom lucht féachana agus mé ag plé le héadaí salacha. Mo chloigeann sáite i mbéal an chiseáin, ní ionann é agus léinte geala a chrochadh ar an líne lá gréine. Agus gúna beag le hÚna i mo láimh agam, an ceann a thug ar Sheoirse ban-ab ón gceathrú haois déag a thabhairt uirthi, labhras.

'Tá's agat go maith na cúraimí tí atá orm anuas ar an obair scoile. Is maith an rud gur tháinig tú ar ais, mar mura dtiocfá, bheadh ort scríobh ag gabháil leithscéil faoinar dhúirt tú, mé a bheith páistiúil agus gan dada ag déanamh imní dom agam ach mé féin.'

Mhaolaigh mé ansin mar bhraith mé nár chun sochair dom é dul thar fóir.

'Ní maith liom gur mar seo atá tú ag fágáil, ach b'fhéidir gur fusa é agus muid gan a bheith ag réiteach.'

Chonaic mé ansin rud nach bhfaca mé cheana, Seoirse ag caoineadh. Sruthláin bheaga ghlioscarnacha ag déanamh a mbealach síos a cheannaghaidh, anuas thar an mbricín beag dorcha faoina shúil chlé ar thug mé gean ar leith dó, chomh socair le gal nuair a déantar lacht de ag déanamh a bhealach síos fuinneog na cistine. Céard a tháinig orm ar chor ar bith, gur labhair mé mar sin leis, mar a labhradh mo dheirfiúr faoin mbuachaill a raibh sí mór leis tráth, ach a d'imigh le bean eile, ag caitheamh anuas air amhail is nár dhada anois é mar nárbh ise a rogha páirtí? Níorbh shin an bealach a bhí beartaithe agam féin. Bhraith mé a ghoilliúnaí is a bhí sé agus b'fhacthas dom go mb'fhearr foighid agus dóchas ná mífhoighid agus éadóchas. Agus a aghaidh ina lámha aige thóg mé a chloigeann i mo lámha féin agus rug mé go teann ar chúl a chinn. Greim a bhfuil cuimhne faoi leith agam air, mar gur mhothaigh mé Muiris ag breathnú orainn ón seomra eile — níl a fhios agam cén t-achar a raibh sé ann — agus muidne inár seasamh, mar a bheadh lánúin ag Klimt daingnithe faoi chlóca órga. Bhí mé buíoch de bhéasa Sheoirse agus den aitheantas a thug sé dá chara nuair a d'iarr sé cead suí.

'Cinnte,' arsa Muiris agus shuíomar mar a shuíodh muid i gcónaí.

'Déanfaidh mé tae,' arsa mise.

'Ar mhaith libh go n-imeoinn? arsa Muiris.

'Níor mhaith,' arsa an bheirt againn in éineacht. Bhraith mé ar cheist Mhuiris go raibh fonn éalaithe air ó shollúntacht nár bhain leis agus nár chuir sé aon suim ann, ach ó thaobh Sheoirse de bhraith mé go raibh fonn cainte air leis an mbeirt againn.

'Tá aiféala orm,' arsa Seoirse.

'Ná bíodh,' arsa Muiris.

'Mise atá ciontach, i mórtas agus i mórchúis. Ní hé seo an chéad uair dom éalú i lár na hoíche, mo mhála pacáilte agam ag ceapadh go raibh mise ceart agus gach duine eile mícheart, ach ní fhéadfainn ariamh dul ar ais mar a tháinig mé ar ais anseo. Ba mhaith liom buíochas a ghabháil libh as ucht bhur gcineáltais. Níor labhras go cineálta leatsa ar ball, a Lís. Bhí tú ceart nuair a dúirt tú go mbeadh orm scríobh lenar dhúirt mé a tharraingt siar. Bhí tú ceart nuair a dúirt tú go rabhas ar nós na ngasúr, ach b'shin rud a raibh gá agam leis, a bheith mar chuid de chlann. Sna ceithre mhí ó tháinig mé anseo, tá tuiscint faighte agam ar an mbeirt agaibh, ar a bhfuil ar bun agaibh. Bhí uaireanta go n-aith-nínn mé féin ionatsa, a Mhuiris, agus uaireanta eile go bhfeicinn mé féin ionatsa, a Lís. Tá náire orm faoi chuid de na rudaí a dúras libh beirt agus mé anseo. Ghlacas le gach rud a thug sibh dom agus a rinne sibh dom, mar a ghlacann páiste le fóirithint a thuismitheoirí, gan beann ar an bhfíorchúram atá oraibhse ag tógáil clainne. Dúirt tú liom uair, a Lís, nárbh aon chúnamh duit mo chuid cainte nuair nach dtabharfainn mo chroí duit. Ach ní shin le rá nach ndeachaigh tú i gcion orm.'

Is beag nach raibh na deora ag teacht chugam féin.

'Níl cairde mar sibh tuillte agam,' arsa Seoirse, 'ach táim an-bhuíoch sibh a bheith ann, agus gur chuir sibh suas liom feadh an ama seo.'

'Beidh muid inár gcairde agat i gcónaí,' arsa Muiris.

Thit ciúnas ar an gcomhluadar arís. An sollúntacht sin nach dtaitneodh le Muiris mar a thaitin sé liom féin.

'Ba mhaith liom gar amháin eile,' arsa Seoirse, 'cead fanacht go maidin.'

'Céard déarfá?' arsa Muiris liom.

An ag magadh fúm a bhí sé? Nó faoi féin?

'Cinnte,' arsa mise, amhail is gurb é an dá mhar a chéile agam é, 'má tá tú féin cinnte.'

'Ceart go leor mar sin,' arsa Muiris.

Cé gur éirigh sé le dul suas an staighre sula raibh coinne agam leis, d'éirigh mé féin chomh maith agus shocraigh mé mo chathaoir isteach faoin mbord.

'Oíche mhaith agaibh,' arsa Seoirse, 'agus go raibh maith agat, a Lís, as ucht an tae.'

Ní leithscéal amháin ach péire a bhí agam nuair a tháinig mé anuas arís. Éadaí a chur sa mheaisín agus an citeal a chur ar an ngás don bhuidéal te. Bhí Seoirse fós ina shuí ag an mbord. Níor labhair sé ach bhraith mé é ag breathnú orm agus nuair a bhí na cúraimí nó na leithscéalta beaga seo curtha díom agam thóg mé a chloigeann arís i mo lámha agus theanntaigh mé é le m'ucht. Ar urlár na cistine a luíomar agus is cuimhin liom fós an gáire a baineadh asainn ar fheiceáil na n-éadaigh dúinn ag rothlú sa sobal os ár gcionn. Mhúscail a phóga grámhara agus macalla a bhriathra breátha braistintí séimhe agus soineantais ionam arís.

Ní raibh sé imithe ach mí nuair a d'fhill sé, gan choinne. Breithlá Úna a bhí ann agus muid tar éis a bheith sa chathair. Bricfeasta i mBewley's, tamall i bhFaiche Stiabhna agus i músaem na n-ainmhithe. Ní dhearna muid aon mhoill sna siopaí mar bhí m'athair ag teacht chun tae. Bhíodar beirt ann romhainn nuair a shroicheamar an baile agus ba léir ar thuin agus ar aoibh m'athar, ní hé amháin

nuair a chasadar ar a chéile ar leic an dorais, ach i gcaith-
eamh an bhéile, gur réitigh an comhluadar leis. Bhí m'athair,
mar ba ghnách leis agus é ar cuairt, faoi ualach málaí ó
bhoutiqueanna agus delicatessens. Gúna beag gleoite d'Úna
— breacán dúghorm a raibh dearg agus uaine tríd — agus
don chuid eile againn cá bhfios cé na cácaí milse, cáiseanna
blasta agus seacláidí. 'Cuir do lámha faoin bpluid agus gabh
a chodladh do Dhaideo,' arsa m'athair le hÚna, díreach mar
ba chuimhin liom a athair seisean á rá le mo dheirfiúr féin
agus í beag mar sin. Ní raibh mé baileach chomh sean le
hArt ag an am, ach bhí mé ag an scoil agus ní ormsa a bhí
an pheataireacht á dáileadh a thuilleadh. Bhí mé ag réiteach
cupáinín tae an dorais do m'athair nuair a chuala mé é ag
caint le Seoirse.

'In am agus i dtráth,' ar seisean, ag tabhairt uchtaigh dó.
'Nuair atá an t-úll aibí titfidh sé.'

'Sea,' arsa Seoirse.

Cá bhfios céard air a bhí a mhachnamh, ach bhreath-
naigh sé ormsa.

'Sea,' arsa m'athair, ag fealsúnaíocht leis, 'roinntear na
suáilcí.'

Trí seachtainí a d'fhan Seoirse an babhta sin. Agus maidir
le suáilceas, thug na laethanta aoibhne sin spléachadh ar
an ngrá mar a samhlaíodh dom i dtosach é agus mé i mo
chailín, ach ar bhraith mé faoin am sin gur rud é nach
mbéarfainn go deo air. Ceann i ndiaidh a chéile, b'ionann
ar bhealach na laethanta aoibhne sin agus aon lá amháin,
oícheanta go maidin agus mé coinnithe ag imeacht go

hoíche arís ar dhrithlíní áthais. Cé nár chas Seoirse ariamh ar an duine is óige den chlann, feicim cosúlachtaí uaireanta idir é féin agus an leaidín fionnbhán spéaclach ar phictiúr a athar é agus nach fear mór léitheoireachta é, ach nuair a dhéanann sé túr ard leis an lego, nó nuair a bheireann sé barróg orm, feicim tréith ann a chuireann gliondar orm. Gean a bhfuil féithín grinn tríd. Feicim freisin é nuair a chuireann sé ceist. Le leathchasadh a chinn cruthaíonn sé spás, fanann go bhfeicim é agus le hísliú a ghutha tarraing-ítear chuige mé lán tnútha. '*Die Einen haben es, die Anderen haben es nicht*.' Líne as dráma a raibh muid páirteach ann sa choláiste. Tá sé agat nó níl sé agat, an tuiscint dhúchasach sin ar mhianach ócáide agus ar do chumas féin ceart a bhaint de. Sea, tagann sé le nádúr na beirte seo, cliúsaíocht a dhéanamh de ghnáthcheist.

Is cuimhin liom maidin go raibh mé i mo shuí sa chistin le Seoirse. Bhí Muiris tar éis na leanaí a thabhairt leis suas an baile mar go raibh roth nua le cur ar an gcarr. Bhí coicís ann ó tháinig sé agus muid éirithe an-mhór le chéile, ach tháinig cúthaileacht orainn nuair nach raibh sa teach ach muid féin. Idir threallanna a bhí an chaint.

'Lís?' ar seisean.

'Sea,' arsa mise.

'Céard a thugann tú ar an mball éadaigh liath seo atá ort. Is maith liom é.'

'Cairdeagan,' arsa mise.

Dá gcuirfeadh Muiris an cheist chéanna orm, séard déarfainn cinnte agus go mífhoighdeach, 'Rud chomh coitianta leis — an ag ligean ort atá tú nach bhfuil an focal sin agat?' Cé gur thug Muiris teibíocht na matamaitice agus na gramadaí leis gan stró, chinn air eolas coitianta, fíricí agus staitisticí na staire agus na geografe mar shampla, a dhaingniú ina intinn mar a dhéanann an gnáthdhalta cliste. Thuirsínn de uaireanta. Eisciúlacht cheiste Sheoirse a chuir gliondar orm agus ba mhó ná toilteanach a bhí mé a bheith i mo chúntóir aige agus é ar thóir focail a bhféadfaí a rá faoi gur bhain sé le réimse na mban.

Ar deireadh fuair an ciúnas an bua ar an gcaint. Thit a chloigeann go mall anuas ar mo chléibh. D'airigh mé trí stuif mín mo bhlús folt casta a chinn agus rianadh a mhéar fuar trasna iomairí mo chuid easnacha, gruaig mo chinn sclíoctha siar aige gur rópa fada amháin é a tharraing sé síos taobh thiar díom gur airigh mé gach ribe ag corraí, cúl na cathaoireach ag treabhadh mo shlinneáin agus pian arbh phléisiúr é. Ba é fear mo dhiongbhála é cinnte agus b'ionann an tsiúráilteacht a bhraith mé lena neart agus lena shéimhe.

Ar mo bhealach chun na cathrach, chuala mé scríobadh mar a bheadh snáthaid ag sleamhnú trasna dhromchla cheirnín. Bhí bonn tagtha den charr agus beirt fhear chugam a shocraigh ar ais é. Fir staidéartha a raibh deich mbliana acu orm.

'Ar ábharaí an tsaoil,' arsa duine acu, 'ní raibh siúl fút.'

'Ná níor bhuail an roth carr eile,' arsa an duine eile. 'Agus í níos gaire don bhaile ná don chathair,' arsa an chéad fhear, 'nach mbeadh sé chomh maith aici casadh ar ais.'

'Bheadh, cinnte. Pé ar bith cén gnó atá agat,' arsa an duine eile, fear tuaithe go cinnte, 'ní foláir nó is féidir leat é a chur ar athló go mbeidh an carr deisithe.'

'Is féidir cinnte,' arsa mise. Agus d'fhág mé slán agus míle buíochas leo.

Ar thóir Bhíobla do Sheoirse a bhí mé. Bhí luaite aige cúpla lá roimhe sin gur mhaith leis cóip de leagan Rí Séamas. Tharla gur fhág mé ceann i mo dhiaidh i siopa seanleabhar ar na céanna. Péire a bhí ann agus mar go raibh a luach díreach sa sparán agam, ba í an chóip níos bataráilte a thug mé abhaile liom. Línéadach donn coinnithe le chéile ag sellotape a bhí air le hais leathar mín gorm an chinn eile, a bhí ann i gcónaí, ach gur tháinig amhras orm ansin faoi bhronntanas a thabhairt dó. B'fhéidir nár bhaol dom — nár thug mé seaicéad Harris dó san fhómhar, agus nár fhan sé gur iarr mé air imeacht? Le mé féin a shásamh a cheannaigh mé é, i siopa athláimhe mar ar ceannaíodh seaicéid cosúil leis do Mhuiris roimhe. Agus an leabhairín beag thíos i mo mhála agam cheannóinn, mar mhíniú ar mo thuras chun na cathrach, cúpla rud dom féin. An caoine a bhí eadrainn le cúpla seachtain anuas, bhí sé ag múscailt séimhe ionam agus athrú stíle, agus bhí bláthanna agam sa teach. Bhí mé ag déanamh moille ón scoil, ag stopadh sna siopaí ag machnamh ar bhaill éadaigh agus seodra dom féin, ag cur fad le pléisiúr an tnútháin, agus do mo chrá féin ag an am céanna, ag samhlú dom nach mbeadh sé ann níos mó nuair a d'fhillfinn. Ba mhar a chéile agam é an lá sin sa chathair nuair a roghnaigh mé bairéad veilbhite donn a raibh broicéad óir timpeall air agus bráisléad adhmaid a raibh duilleoga olóige péinteáilte air.

Stop mo chroí nuair a chonaic mé Muiris agus na leanaí

ag breathnú ar an teilifís agus thosaigh sé arís nuair a chonaic mé Seoirse sa chistin agus carn páipéar os a chomhair. Níor thuig mé go dtí sin chomh mór a d'aireoinn uaim é nuair a d'imeodh sé arís.

'Is maith liom do hata,' ar seisean.

Dá mbeinn chomh réchúiseach agus ba mhaith liom a bheith is ansin díreach a thabharfaí an féirín dó, ach bhí mé ag machnamh fós ar inscríbhinn. Rinne mé tae agus bhreathnaigh muid ar fad ar an teilifís. Tar éis dom na leanaí a chur chuig an leaba anonn liom chuig mo sheomra féin go gcuirfinn inscríbhinn ar an mbileog cheangail

Crann úll thar chrainn na coille mo ghrása thar fir.
Faoina scáth suím, mar ba mhian liom;
milis le mo bhéal a úlla.
A lámh chlé faoi mo cheann, a lámh dheas tharam anall.

(LAOI NA LAOITHE 2: 3,4,6)

Agus síos liom arís. B'fhada liom go rachadh Muiris a luí. Suas liom arís le súil go leanfadh sé mé. Nuair a thit a chodladh air síos liom ansin chuig Seoirse. Bhí ciotaíl ag baint le bronnadh an leabhair, an iomarca machnaimh déanta agam air roimh ré, ní fol, ach níor thóg sé orm é. A thráth ann don uile ghnó faoin spéir agus an oíche sin ina thráth beirthe barróg.

An oíche dár gcionn nuair a tháinig Diarmaid isteach 'ar thóir chéile óil' bhí Muiris faoi charn mór páipéar scrúduithe.

'Ar thóir ciúnais atáimse,' ar seisean, 'agus bheifeá ag déanamh ruda orm, ach an bheirt seo a bhreith leat.'

Mhúscail boladh leathair agus tobac agus seordán bog an chairr smaointe ionam ar shó agus ar ligean liom. Éascaíocht ghéag agus beogacht béil agus na piocháin féin ar leathadh le tnúth.

Agus muid socraithe síos go maith i gcúl an phub thuas ar Shráid an Chaisleáin, a gcuid piontaí acu sin agus gin'n'tonic agam fhéin, d'fhiafraigh Diarmaid de Sheoirse an bhfaca sé Marina le deireanas?

'Scéal casta,' arsa Seoirse.

'Fear nua aici?' arsa Diarmaid.

'Sea,' arsa Seoirse, 'agus súil ghéar aige uirthi.'

'B'fhéidir,' arsa Diarmaid, 'go dtaitníonn sé sin léi.'

'Níorbh shin a shíleas nuair a labhair sí liom ar an bhfón, ach gur ghlac sí leis gur mar sin a bhí sé.'

'Níl saoi gan locht,' arsa Diarmaid.

'Is dócha nach bhfuil,' arsa Seoirse, 'ach ní aireoinn féin ar mo shuaimhneas agus duine a bhí mór liom ag cur coinníollacha mar sin orm. Ní thagaim leis mar chur chuige, ní fúthu sin amháin atá mé ag caint, ach feictear dom go bhfuil dul amú ar éinne a cheapann go bhfuil baint ag seilbh le grá. Is tábhachtaí mar shampla, saoirse agus cineáltas.'

'Is uasal na smaointe iad sin agat,' arsa Diarmaid, 'ach dá mbeifeá mór le bean agus gur thuig tú de réir a chéile nár tháinig sise leis na tuairimí seo agat?'

'Dá mba spéirbhean féin í,' arsa Seoirse, 'tá súil agam nach loicfinn ar mo chairde maithe, na hardchairde, fir nó mná.'

Ar fhilleadh dúinn, fuair muid cuireadh isteach chun caife, caife ar bhranda agus d'airíos sa teach an corraíl céanna a d'airíos sa charr. Diarmaid agus a bhosca Dunhill's ar chathaoir tháipéise sciathánach, Seoirse taobh liomsa ar an seantolg leathair ag plé cúrsaí polaitíochta agus staire go heolgasach béasach le fear an tí. Murab ionann agus Muiris, ní hé amháin go raibh sé ar a shuaimhneas leis na hábhair seo, ach a luaithe a bhíodh Diarmaid sa chistin, chasadh sé ar chomhrá eile ar fad liomsa, a thosaíodh sé arís san áit cheart díreach, a luaithe a bhí Diarmaid imithe arís. Cluiche taobh istigh de chluiche aige ab ea é.

'An maith leat, ar mhaith leat,' ar seisean i nguth íseal a tharraing chuige mé, 'Elissa mar ainm?'

Ceithre bliana déag ina dhiaidh sin tháinig an oíche sin ar ais chugam. Bhí páirt ag Úna i gceoldráma *Dido agus Aeinéas* le Purcell san amharclann nua ar an mbaile. Bhí cúram na bhfeisteas fágtha agam faoi mháithreacha eile agus an leabhróg gan a bheith léite agam. Smaointe mar seo a bhí ag cur as dom nuair a glaodh amach, 'Elissa is dead! Elissa is dead!' Roimh dhul a luí dom an oíche sin, léigh mé Leabhar IV d'*Aeinéid* Veirgil, ina n-instear mar a thit an Bhanríon Dido, a dtugtar Elissa uirthi freisin, i ngrá le hAeinéas nuair a tháinig sé i dtír sa Chartaig. Mura gcloisfinn Seoirse féin arís, thug focail an fhile siar mé. Dido ag cur i leith Aeinéis go raibh sé ag éalú uaithi — le hionadh a thosaíonn sí, ach nuair a thugann sé freagra cosantach uirthi, tugann sí faoi le liodán maslaí agus mallachtaí, agus ar deireadh, nuair is róléir di a dhiongbháilteacht, géilleann sí don bhrón. Bhraith mé mar a bheadh Seoirse taobh liom arís, ag magadh fúm mar go bhfeicim mo scéal féin i ngach scéal. Chuimhnigh mé arís ar an oíche a raibh Diarmaid

isteach agus amach ón gcistin agus an freagra a thabhar-
fainn ar Sheoirse mura mbeadh gur thóg sé an oiread sin
blianta orm an rud a léamh. Bhí Art chun cinn orm ansin.
In aois a dheich mbliana, ba é a rogha leabhair é i gcúl an
chairr agus muid ar thuras chun na hIodáile, ach táim ag
teacht romham féin san insint anseo. Pé acu ag smaoineamh
ar an eipic a bhí Seoirse nó ar m'ainm féin, oíche an cheol-
dráma tháinig freagra chugam, 'Is maith liom é, ach i gcead
duit ní breo-charn a bheas mar leaba agam nuair a imeoidh
tú.'

Bhí Diarmaid ar ais arís sular tháinig aon fhreagra
chugam. Samhlaíodh dom gur céim chun chinn ainm
ceana agus bhí cúthaileacht tagtha orm. Ar nós an uair gur
iarr sé ar Mhuiris an váls a chur siar go gcloisfinn ón tús é,
bhraith mé go raibh brí éigin le baint as an gceist. Ach
chuimhnigh mé ag an am céanna ar na hainmneacha ceana
a bhíodh aige ar Mharina tráth, inscríbhinní ar leabhair,
gaid a ceanglaíodh agus a scaoileadh arís. Más é an scaoil-
eadh céanna a bhí i ndán domsa, b'fhearr liom déanamh
gan cheangal. 'Ara...,' arsa mise, ach bhí Diarmaid chugainn
arís. Elissa. Bhí an t-ainm sin feicthe agam i gceann de na
dánta ina leabhar nótaí. Má bhí scaoilte aige le Marina, níor
ghá go scaoilfeadh sé liomsa. Níorbh ionann muid agus
mar sin níor ghá gurbh ionann ár gcinniúint.

An mhaidin dar gcionn leag Muiris lámh go cairdiúil
orm ar a shean-nós féin. Chaitheas a lámh uaim go
mímhúinte.

'Más ag éirí tuirseach díom atá tú,'ar seisean.

'Níl orm,' arsa mise, 'ach tuirse, gnáth-thuirse.'

'Rómhall i do shuí le Seoirse,' ar seisean ansin, 'níl cothrom na Féinne á thabhairt agat domsa.'

B'fhíor dó. An tráthnóna sin dúirt Muiris go raibh flat faighte aige dó féin. Murab ionann agus leathbhliain roimhe sin, nuair ba mise a bhí ag imeacht, ní raibh aon chaint roimh ré air seo. Bhí a fhios agam, in ainneoin a mhaithe agus a bhí muid ag réiteach le chéile, nach bhfanfadh Seoirse nuair a d'imeodh Muiris. Mar sin féin ghlac mé leis an gcinneadh a bhí déanta aige, nó ar a laghad níor chuir mé ina choinne.

'Tuigim,' a dúras.

'Bhí tú le Seoirse aréir?' ar seisean, ar eagla go raibh dul amú air.

'Bhí agus ní raibh.'

Ní raibh mé tar éis mé féin a thabhairt go hiomlán do Sheoirse fós. Bhí cúiseanna praiticiúla leis seo, ach bhí freisin, gur mhaith liom cuid díom féin a choinneáil go dtiocfadh lá a chreideas a bhí i ndán dúinn, nuair a bheadh socrú éigin eadrainn. Idir an dá linn b'fhacthas dom dá mhéad é an mhian is éifeachtaí gníomhartha an leannáin. A mhéara ar mo bhaithis, ar chúl mo láimhe nó trí ghruaig mo chinn. Pógadh caoine agus pógadh fuinniúla. Le Muiris, ní raibh sa chúpláil ach cúram chéile, géilleadh d'ainmhian. Ní hé go raibh sé brúidiúil, ach nár léir dom nuair a thosaíodh sé cá raibh meabhair a chinn. Níorbh é an duine céanna é, shílfeá, ach ainmhí. Agus go mb'fhearr leis b'fhéidir a bheith le bean a mbeadh níos mó feola uirthi ná mar a bhí ormsa. Gníomh sciobtha ab ea é. Rud eile a bheith le Seoirse, a bheith páirteach in ionchollú an bhriathair, gníomhartha malla, uaislithe ag macalla inmheánach a chuid liricí leochailleacha féin.

Thuig Muiris nach n-aireoinn a imeacht chomh mór sin agus mé faoi dhraíocht ag Seoirse. Bhí sé níos éasca air imeacht ag an am sin ná mar a bheadh ag am eile. Lig mé leis go héasca gan argóint ná caoineadh. B'iontach liom, tar éis do Mhuiris imeacht, gur fhan Seoirse na trí lá féin. Cé gur bhraith sé ag an am sin, mar a bhraith sé ariamh, gurbh fhearrde mé féin agus Muiris a bheith scartha, thuig mé freisin go raibh sé fós den tuairim nár rud é seo a bhain leisean, beag ná mór, nach raibh rún aige teacht i gcomharbacht ar Mhuiris agus nach raibh ann ach gur tharla é a bheith ann nuair a d'imigh sé.

Go Londain a chuaigh Seoirse agus chuir sé faoi i squat lena chara Dara a bhí ag péinteáil tithe thall. Chuir Muiris faoi i seanteach aon stór a raibh acra gairdíní timpeall air, an sórt áite nach samhlófá taobh thiar den bhalla ag stad an bhus ar imeall neamhfhaiseanta an bhaile. Fear sna caogaidí, gur leis an áit, agus fear ar comhaois linn féin a bhí ag obair le IBM a bhí ina gcónaí ann. Réitigh Muiris go maith leis an mbeirt acu. Maidir liom féin, bhraith mé arís fuinneamh agus ardú meanman ag baint leis an neamhspleáchas, ach go mb'fhearr an uair seo é mar gur i mo theach féin a bhí mé. Chuir mé dath geal ar bhallaí an dá sheomra mhóra agus dallóga in áit na gcuirtíní a d'fhág radharc ar thiús na mballaí ag leathadh amach ó dhá thaobh na bhfuinneog. Níor fhan sa seomra suí ach an fhoireann troscáin timpeall ar an matal, bord éadain gach taobh de agus ruga fada urláir sa phasáiste idir an dá dhoras. Forhalla i dteach Seoirseach a mheabhraigh an siméadracht agus an spás dom, íomhá a ghríosaigh chun oibre mé le solas coinnle nuair a d'imíodh an ghrian faoi. Chuir mé romham an tráchtas a bhí ligthe i léig le blianta a chur díom ar deireadh. Ba chúnamh chuige sin, mé a bheith liom féin.

Londain Arís

Faoi Cháisc bhí mo dheirfiúr ag siúl amach 'go hoifigiúil' mar a dúirt sí, le buachaill a raibh sí mór leis le ráithe agus súil aici air le ráithe roimhe sin. Thugadar seachtain i ngailearaithe London. Ó bhosca teileafóin phoiblí sa Tate d'inis sí dom gur casadh Seoirse agus Dara orthu, gur óladar deoch le chéile agus gur labhair sé léi faoin triúr ban ina shaol.

'Is fearr ná mise a thuigfeá céard a bhí i gceist aige,' ar sise, ag magadh fúm. '"Nausicaa, Circe agus Calypso," ar seisean, go diamhrach. "Cailín ar lig mé léi mo rún go hóg, bé go bhfuilim faoi dhraíocht aici." Agus ansin tú féin "na céadta nóiméad aoibhne," a dúirt sé, ach máthair le leanaí b'shin freagracht nach raibh sé réidh dó go fóill.'

B'fhéidir nár dhroch-scéala amach is amach é.

'Ar bhraith tú,' a d'fhiafraigh mé ansin de mo dheirfiúr, 'gur leag sé aon bhéim ar 'go fóill'? Ar airigh tú aon tuar dóchais ann?'

'Look,' ar sise, 'níl mé cinnte céard díreach a dúirt sé, nó an bealach a dúirt sé é. Shílfeá gur leor na hainmneacha

agus ní chuimhneoinn orthu sin ach gur scríobh mé síos ar
naipcín páipéir iad.'

'Sin iad na mná a casadh ar Odaiséas ar a aistear abhaile.'

'Nach gceapfá,' ar sise, 'gur sórt fantaisíochta an rud ar
fad? Gurbh é an rud is fearr a dhéanfá fás suas agus socrú
síos leis an bhfear maith atá agat? Is é an cineál é Seoirse go
bhfuil tú níos fearr dá uireasa, gur cheart ligean leis agus an
rud ar fad a bheith mar ábhar gáire agat.'

Faoi Chincís bhí Katya lena hAlbanach Charlie a phósadh
agus, ón aithne a bhí curtha againn ar a chéile ar an bhfón,
corruair a chuireadh bé seo na Polainne glaoch ar Sheoirse,
bhí cuireadh tugtha aici dom chun na bainise. 'Mar chara,'
ar sise ag magadh fúm, nuair a d'fhiafraíos di an raibh cailín
ag Seoirse thall, 'ach ó chuir tú an cheist,' ar sise, 'níl.' Bhí
laethanta saoire an tsamhraidh buailte linn agus líon focal
an tráchtais ag dul i méid. Cinnte rachainn anonn. Ar an
mbád oíche a chuaigh mé agus d'ith mé bricfeasta breá i
Wandsworth, in árasán Bhríona, seanchara ón scoil. An
tráthnóna sin tháinig ceathrar cailíní eile ón rang a bhí
lonnaithe thall chun béile.

Arsa Bríona agus í ag oscailt an tríú buidéal fíona, 'Sílim
go bhfuil fear nua ag Lís.'

'Fear nua?' arsa duine den bheirt Shadhbh. 'Shíleas féin
gur *dote* é Muiris.'

'Nár shíl do mháthairsa,' arsa an tSadhbh eile léi, 'gur
dote é Liam.'

Ó tháinig siad anonn bhí an bheirt Shadhbh tar éis
pósadh agus scaradh ó fhir a casadh orthu i mBelfield. Bhí

an bheirt eile luaite le fir a casadh orthu thall. Bhí Bríona singil. Agamsa amháin a bhí gasúir.

'Bhuel,' arsa Bríona, ag leanacht uirthi, 'ní le casadh orainne amháin a tháinig Lís go Londain.'

Arsa duine den bheirt eile a raibh féith na haisteoireachta inti, 'Mar a deireadh Iníon Ruiséal go máistriúil linn ar scoil fadó, má bhí duine againn ag seasamh suas do dhuine eile, "Tá Lís in ann labhairt ar a son féin".'

Dúirt mé leo go raibh mé ag dul ar bhainis bheag an lá dar gcionn in éineacht le cara, fear mar a tharla sé.

'Nár dhúirt tú freisin,' arsa Bríona, 'go raibh tú féin agus Muiris scartha?'

'Tá,' arsa mise, 'ach triail de shórt is ea é.'

'Bhuel dá gcloisfeá an 'Seoirse seo' agus 'Seoirse siúd' agat agus muid ag réiteach an bhéile, déarfainn féin go raibh tú i ngrá leis.'

'Ó,' arsa mise, 'tá mé náirithe ar fad agat.'

'Níl aon chall le náire,' arsa Bríona, 'Is aoibhinn an rud an grá.'

'Ní cheart duit Muiris a ghortú,' arsa an tSadhbh eile, 'ach *honestly*, níor cheart duit fanacht leis má tá tú i ngrá le fear eile.'

Arsa Jane, duine den bheirt eile, agus is í a bhí tugtha do na seanfhocla, 'Is maith an scéalaí an aimsir.'

Faoi dheireadh na hoíche bhí cás gach duine againn, agus go leor eile acu nach raibh ann, pléite go mion agus go mín.

Nuair a tháinig Seoirse faoi mo dhéin an mhaidin dár gcionn casadh Bríona air agus Lucy chomh maith, a raibh seomra aici sa teach céanna. Tharla gur chasadar beirt air cheana, faoi Nollaig sa teach sin againne.

'Feicfidh mé amárach sibh,' arsa Bríona. 'Ní dócha go mbeidh mé i mo shuí nuair a thiocfaidh sibh isteach.'

Amach sa tráthnóna a bhí muid le bheith ag oifig an chláraitheora agus idir an dá linn bhí beartaithe ag Seoirse mé a thabhairt timpeall ar a 'chathair dhúchais,' mar a thug sé air. Agus muid i bhfoisceacht Ladbroke Grove mar a raibh árasán a mháthair, thosaigh sé ag caint ar na bábóga a bhí aici ann, nár thaitin siad leis. Arsa mise, gur buachaill eisean, agus gur cailín mise agus go raibh mo chuid bábóg féin agam tráth, an oiread sin cloigne ar an gceannadhairt agam, gur dhóbair go dtitfinn féin as an leaba. Dúirt sé gur deas an íomhá é, ach go rachadh sé féin isteach i dtosach go bhfeicfeadh sé cé mar a bhí sí, 'go n-inseoidh mé di go bhfuil cara in éineacht liom.' B'fhacthas dom go raibh imní air nuair a bhreathnaigh sé siar orm agus gur dhúirt go mb'fhéidir nach n-osclódh sí an doras dá mbuailfeadh sé an cloigín agus go mb'fhéidir go mbeadh air glaoch uirthi.

'*Mother, Mother,*' ar seisean. Ní raibh oidhre air ach Bambi ag glaoch ar a mháthair a lámhachadh sa sneachta. Shleamhnaigh sé isteach. Nuair a tháinig sé amach dúirt sé nach raibh sí go maith. Rug mé barróg air. Lá eile, b'fhéidir.

Roimh theacht amach dúinn ag Stáisiún Charing Cross, dúirt Seoirse go mbreathnódh muid tamall ar mhúrphictiúr fada dubh agus bán de thuras sochraide Eileanóir na Caistíle, bean Rí Éadbhard I. Agus iad ar cuairt ar chathair Lincoln is ea bhásaigh sí agus bhí turas dhá lá dhéag rompu ar ais go Londain. Thóg an rí cros chuimhneacháin i ngach baile ar chaitheadar oíche ann agus is ag Charing a tógadh an ceann deireanach. An ceann a bhí i Cheapside leagadh é aimsir Chromaill. Ba mhór an spraoi an aithris seo ag Seoirse. Ní ag léamh a bhí sé, bhí an scéal seo aige mar a bhí scéalta eile a bhain leis an gcathair agus a chuimhní féin fite fuaite leo.

'Anois,' ar seisean agus muid amuigh faoin aer, 'Turas na dturasóirí, a bhfuil a mhacsamhail againne i gCearnóg Mhuirfean mar a bhfuil gailearaí agus musaem, Faiche Stiabhna mar a bhfuil na lachain agus dealbha Delaney agus Sráid Chill Dara mar a bhfuil museam eile, leabhar-lann agus an Dáil.'

Scála eile ar fad agus ba Lilliput mo chathair dhúchais féin i gcomparáid le Londain. Tamall sa dá ghailearaí ar Chearnóg Thrafalgar, síos Whitehall linn go Westminster agus droichead Wordworth, Siúlán an Éanadáin, Páirc San Séamas agus sracfhéachaint ar an bPálás roimh chasadh ar ais dúinn ar an Mall.

'Rud amháin eile,' ar seisean nuair a bhíomar ag dul faoi thalamh arís, 'is ón spota seo a thomhaistear Londain ar na comharthaí bóthar.'

'Droichead Uí Chonaill againne, nach ea?'

'Sea,' ar seisean, 'agus is cuimhin liom anois go bhfuil baint ag Charing leis an abhainn. Tá sanas coitianta ann, 'Chere Reine,' ach is sine an t-ainm ná Eileanóir agus Éadbhard. Focal Angla-Sacsanach ar chasadh is ea é, mar go bhfuil lúb sa Thames anseo. Cosúil le Cambrae.'

Bhí mé in amhras faoi shanas an fhocail sin, ach chuir sé gliondar orm gur chuimhnigh sé air agus dhá bhliain ann ón gcéad siúlóid sin againn cois na habhann.

134

In óstán in aice le hoifig an chláraitheora bhí slua beag bailithe. I squat a bhí Charlie agus Katya ag cur fúthu, ceann deas is cosúil, ach ba í seo oíche a bpósta. Bhí Charlie i lár an tslua ag cur daoine in aithne dá chéile. Rug sé barróg orm agus i dtuin tharraingteach a thíre dúirt sé go raibh teacht-aireacht aige ó Khatya, go seolfaí suas chuici mé nuair a thiocfainn. B'fhada liom go bhfeicfinn í. Bhí sí ag cur smidiú ar a súile, agus ar sise, ó b'ionann dath ár súile, go bhfeil-feadh sé mise chomh maith. Má bhí ár súile ar aon dath, ba mhíne a cneas, ba finne gruaig a cinn, agus ba leochaillí a lámha. Spéirbhean cinnte agus, mar bharr air, ní raibh aon éirí in airde ag baint léi, ach í chomh cainteach nádúrtha agus í ag magadh faoi Sheoirse agus fúm féin freisin. Bhraith mé cothromaíocht eadrainn nuair a dúirt sí ansin go raibh neamhspleáchas éigin ag baint liom a thaitin léi, a thug misneach di. Ag cabaireacht linn mar sin a bhí muid, inár suí os comhair scátháin ag réiteach agus ag cóiriú ár gcuid gruaige gur bhuail Charlie ar an doras.

Tar éis an tsearmanais d'ólamar deoch eile agus thugamar aghaidh ansin, faoi ualach málaí, boscaí agus pluideanna breacáin, ar Phrimrose Hill. Radharc ó dheas ar an gcathair againn agus níos gaire, corrmhadra a d'ith bruscar ár mbéile. Bhí gnás nach bhfaca mé roimhe sin ag an mbrídeog agus a fear céile, fíon a ól agus géaga a lámha fite ina chéile. Tráthnóna gan cháim, cinnte. Lá dár saol.

Port eile ar fad a bhí ag Bríona ar maidin lá arna mhárach.

'Níor chodail mé néal aréir,' ar sise, 'agus an bheirt agaibh ag gáire.'

Ag déanamh aithrise ar dhaoine agus ag cumadh

carachtar a bhí Seoirse agus ba dheas é a fheiceáil chomh héadromchroíoch. Dúirt mé léi go raibh an-bhrón orm.

'Tá deifir amach orm anois chun na hoifige agus tá Lucy imithe amach cheana féin ach,' ar sise, 'déarfaidh mé rud amháin, bhí déistin uirthi tú féin agus Seoirse a bheith in aon seomra agus gan ann ach an t-aon leaba amháin.'

Ní raibh ina gearán faoin ngáire ach bealach isteach, agus maidir lena cara óg mura mbeadh Bríona ar aon intinn léi, is ag magadh fúithi a bheadh sí in áit a bheith ag tabhairt amach domsa.

'Ní choinneoidh mé tú,' arsa mise. 'Fágfaidh mé an áit deas néata agus b'fhéidir go maithfeadh sí dom é.'

'B'fhéidir,' ar sise.

'Abair mé leis na cailíní.'

'Déarfaidh,' ar sise, agus d'imigh sí léi.

'Shíl mé gurbh fhearr é a fhágáil fúibh féin,' arsa Seoirse, agus é á shearradh féin ag doras na cistine.

'Cá bhfios,' arsa mise, 'nach ndéarfadh sí dada dá mbeifeá ann, ach ní miste liom nach raibh.'

Chaitheamar tamall den mhaidin i gcomhluadar na lachan ar Hampstead Heath agus nuair a chuaigh Seoirse ag breathnú ar a mháthair d'fhan mise ag breathnú ar lucht eitleog. Nuair a chasamar ar a chéile arís ag an Tate, bhí seileastraim ghorma i mo lámha agam, an bláth céanna a bhí ar bhacán mo láimhe agam lá mo phósta féin.

'Is álainn an pictiúr tú,' ar seisean, de thaisme shílfeá, agus lean sé air. 'Do Khatya iad sin, nach ea? Is maith liom é sin.'

Ar phictiúir na Réamh-Raefaeilítigh is mó a bhreath-
naigh muid. Aeistéitic a thaitin liom féin ariamh, simplíocht
ghúnaí na meánaoiseanna, crios suite go compordach ar
na cromáin agus cóiriú na gruaige fada. Bean óg ag dul le
sruth i mbáidín, ceann eile básaithe agus í ag dul le sruth
faoi bhláthanna d'iliomad dath agus cineál, agus ceann eile
fós ag stánadh go huaigneach ó fhuinneog ghotach. 'Spéir-
bhean i ndiaidh spéirmhná,' arsa Seoirse, 'tréigthe ceal
misnigh fir.' Shíl mé go raibh sé ar tí briseadh liom, ach
d'fhan a raibh le rá aige i réimse na teibíochta. Bhí sé ar a
sheanléim arís ar ball agus é ag baint spraoi as ainmneacha
barúla a chur ar na siopaí i mBaile na Síneach. Bhí Katya
agus Charlie romhainn ag Covent Garden agus bhí cúpla
deoch againn leo. Tháinig Seoirse liom chomh fada le
hEuston.

An Dara Geimhreadh

Filleann Seoirse Arís

Ó Lúnasa go hEanáir, ón maidin a chonaic Muiris ón bhfuinneog thuas staighre Seoirse ar an mbínse faoin gcrann cnó capaill os comhair an tí, go dtí an tráthnóna nuair a chuir sé cara leis agus a chailín seisean in aithne dúinn, b'ionann ar go leor bealaí an dá gheimhreadh a raibh Seoirse farainn. Bhí rudaí curtha dínn ag an triúr againn agus ba mhó ar ár socracht a bhíomar an dara geimhreadh. Ní raibh Muiris féin i bhfad ar ais ón Mór-Roinn an mhaidin sin. Bhí an flat fós aige agus, ar nós mé féin an bhliain roimhe, seans gur cúnamh dó filleadh Sheoirse agus cinneadh fós le déanamh aige faoi theacht ar ais. I gcaitheamh na bliana a bhí imithe tharainn bhí an triúr againn tar éis cur fúinn ag amanta éagsúla in árasáin éagsúla, ach dár gconlán féin bhí muid ar ais le chéile arís. Thiteamar isteach go réidh ar na bealaí a raibh cleachtadh againn orthu.

Agus téacsanna na dara bliana le roghnú agamsa, mhol Seoirse an dráma Gréagach *Antigone* agus mhol Muiris an t-úrscéal Meiriceánach *The Scarlet Letter*, saothair nach raibh cur amach agam féin orthu ach, a dúradar, a raibh taithí agam ar a dtéamaí. Aighneas idir deirfiúracha agus adhaltranas, a fuaireas amach ar ball. Ní raibh cóipeanna na ndaltaí den dráma tagtha an chéad lá agus léigh mé as mo chóip féin. Bhí a fhios agam go raibh rogha maith déanta ag an gcoiste sa bhaile mar ag deireadh an ranga d'iarr buachaill, nár fhear mór leabhar é, iasacht mo chóipse. Dúras nach mbeadh sé sin féaráilte ar an gcuid eile den rang, ach ba í an fhírinne nach raibh sí léite go deireadh fós agam féin. Léifinn *Romeo and Juliet* agus *The Red Pony* leis an gcéad bhliain arís.

Thug Seoirse cúnamh arís d'Art lena chuid ceachtanna baile. 'Achilles has sandwiches for lunch,' agus 'I wrote her name upon the strand,' a scríobhadar nuair a bhí 'sandwiches' agus 'strand' le cur in abairtí. Sheas sé arís ag an bhfuinneog, Úna ina bhaclainn agus méar sínte i dtreo na spéire aige. 'An lá,' a deireadh sé, agus í go maith in ann aithris a dhéanamh air anois.

Maidineacha Domhnaigh ba shuaimhní ar fad. An bheirt acu, Muiris agus Seoirse agus a gcloigne cromtha thar an mbord fichille, duine acu ag rollú toitín nuair ba leis an duine eile an imirt, an t-am curtha ina stad acu, shílfeá, ag na pléisiúir shimplí seo. Mise ag an mbord iarnála agus radharc agam orthu ón gcistin go dtiocfainn isteach agus gur i mo bhaclainnse a bheadh Úna anois agus muid ag damhsa leis an gceol. Seolann *Harvest* Neil Young caol díreach siar chuig na maidineacha sin mé. Dá dtagadh Joe, buachaill beag na gcomharsan, isteach agus buataisí Sheoirse fós cois na teallaigh, ceann ina sheasamh agus a chompánach tithe ar a thaobh, chuirtí na ceisteanna céanna. 'Cén fáth gurb é an ceann donn a thiteann ar a taobh i gcónaí? Cén fáth a bhfuil dath donn ar cheann acu agus dath dubh ar an gceann eile? An bhfuil cead agam iad a chur orm?' San ord contrártha a d'fhreagraíodh Seoirse, 'Tá cinnte, an ghrian trí fhuinneog an tsiopa a thréig an dath ar an gceann donn agus is ag Dia amháin atá a fhios cén fáth gurb é sin an ceann a thiteann ar a taobh.' Trí chárta vótala a tháinig chuig an teach roimh olltoghchán na bliana sin agus bhí spleodar ag baint leis an turas gearr chuig scoil náisiúnta na mbuach-aillí i bPalermo, an cúigear againn sa Renault 4. Bhí Art ag cur spéise cheana féin i gcúrsaí polaitíochta. Tháinig Dara ar cuairt arís cúpla babhta agus nuair a bhídís amuigh ar siúlóid, stopadh sé féin agus Seoirse i Moscone's ar Bhóthar Uí Chuinn, *diner* a bhí ligthe i léig, maisithe i ndearg, bán agus pinc i stíl a bhí faoi anáil an Bharóic.

Maidin Lá Nollag eile agus bhí traein eile ag Seoirse d'Úna agus leabhar eile aige d'Art. Inneall beag iarainn agus leaganacha ciorraithe de dhrámaí Shakespeare.

'Bhí sneachta ann aréir,' ar seisean.

'An raibh?' arsa mise.

'Ar d'fhallaing fholctha,' ar seisean.

Ceann nua a bhí ann. Má bhain sé sin gáire asam, rinne sé féin gáire nuair a bhronnas seanchóip de dhánta Mhilton air. Tamall roimhe sin bhíos tar éis fonóid a dhéanamh faoin tuin a chuir sé air féin agus é ag léamh 'Lycidas', as mo sheanchóip scoile de *Soundings*.

An oíche sin d'éirigh sé an-siúráilte de féin agus shíl mé srian a chur leis. An oíche dar gcionn agus mé tagtha ar a mhalairt de thuairim, cé gur fhan sé ina shuí liom, ní rachadh sé thar na briathra milse. Nuair a chonaic Muiris muid sa chistin fós, maidin lá arna mhárach, chuir sé stuaic air féin agus d'imigh leis tríd an gcuirtín agus an dá mhéar crochta aige linn. D'iompaigh sé ar ais ansin agus labhair sé.

'Táim tuirseach de,' ar seisean. 'Táim chun bricfeasta a dhéanamh. Uibheacha don triúr againn.'

'Tá brón orm,' arsa mise.

'B'shin,' arsa Seoirse, 'an argóint ba chneasta dá bhfaca mé ariamh.'

Cúpla lá ina dhiaidh sin agus an bheirt acu amuigh ag siúl, thug mé cuairt ar Esmé. Osclaíodh buidéal fíona agus labhradh faoi na leanaí, faoinár muintir agus faoi dhaoine eile a raibh aithne againn orthu. Ach oiread linn féin, ní ar an mbaile a tógadh í féin ná Johnny, ach faoin am seo agus í deich mbliana abhus, bhí an oiread cairde agus seanchas aici, shílfeá, is a bhí acu siúd a raibh a sinsear ag cur fúthu anseo le fada an lá. Na snátha a cheangal an duine seo leis an duine siúd.

'An buachaill beag a chonaic tú ag iomáint lena athair sa pháirc os comhair do theachsa,' ar sise — is é an fáth a luaigh mé é mar nach bhfaca mé roimhe sin camán chomh beag leis an gceann a bhí ina láimh aige, 'leathdheartháir is ea é leis an gcailín sa teach cóiste taobh thiar dínn anseo a thagann isteach ag spraoi le Ruth.'

Ba í Ruth an té ab óige dá muirín féin agus í ina compánach beag ag Art, go háirithe sna blianta tosaigh. Bhí sí ar an dream beag iascairí ag an gcóisir ar an abhainn nuair a rinne Seoirse ceant de dháileadh na mbróg ar na leanaí.

'Nuair a tháinig deireadh lena pósadh,' arsa Esmé, 'fuair

sí an teach cóiste, nó a luach nuair ab éigean a dteach mór i nDeilginis a dhíol, agus is mar thógálaí a tháinig le hathchóiriú a dhéanamh ar an teach cóiste a chuir sí aithne ar athair an iománaí bhig an chéad lá. Is dócha gur fhan sé cúpla bliain agus é i mbun na hoibre, nó gur casadh an triú fear uirthi.'

'Fear ard an ea?' arsa mise. 'Cóta fada air agus ponytail dubh?'

'Sin é é,' arsa Esmé, 'fear a diongbhála, nó sin é a deir sí.'

'Níl cailleadh ar bith air,' arsa mise.

'Níl,' arsa Esmé, 'ach céard faoi Sheoirse, cá bhfuil seisean ag cur faoi na laethanta seo?'

Meas tú, arsa mise liom féin, cén casadh a chuirfidh Esmé air seo nuair is í bean an tí chóiste a bheas ar cuairt? Bean a bhí mór le níos mó fir ná mar a bhí mé féin, ach gur i dtréimhsí éagsúla a bhí sí leo, cheapfadh sí go rabhas ait. Níor ghéilleas mar sin féin don chathú a tháinig orm é a shéanadh.

'Ar ais linne atá sé.'

'Fair play duit,' arsa Esmé, 'má fhaigheann tú away leis.'

'Níl an oiread "leis" ann is a cheapann daoine. Tá sé anhandy é a bheith ann ó thaobh na ngasúr de — bailíonn sé Úna ón naíonra agus déanann sé na ceachtanna baile le hArt.'

'Agus céard faoi Mhuiris?'

'Tá cúpla pointe aige ar Sheoirse sna cluichí fichille agus tá muid féin ag réiteach le chéile níos fearr ná ariamh.'

'Tá sibh socraithe síos mar sin?

'Tá.'

'Go maith,' arsa Esmé agus ardú croí le haithint ina glór.

'Níl mórán aithne agam ar Sheoirse, ach cuireann sé Johnny i gcuimhne dom, an tarraingteacht sin a chuireann mná faoi dhraíocht. Murach é a bheith ag ól, chomh maith le chuile shórt eile, b'fhéidir nach mbeadh sé curtha ó dhoras agam. Ní shocróidh siad síos go mbeidh croí cúpla bean eile briste acu. Tá an sórt ann,' ar sise, 'ar cheart a choimeád agus an sórt ar fearrde tú dá n-uireasa.'

'Tá an ceart ar fad agat,' arsa mise, cé nach mar sin go díreach a chonaic mé iad.

In ainneoin a raibh ráite ag Esmé, bheidís beirt isteach chugam anocht, agus ní ligfinn don imní faoin lá a d'imeodh Seoirse, teacht idir mé agus an fháilte a chuirfinn roimh 'Mhilton' agus a chara 'Lycidas' nuair a thiocfaidís anuas óna siúlóid sléibhe chomh fada le Bearna Bhealach Sailearnáin. Píóg aoire a bheadh againn nuair a thiocfaidís isteach. Ní mó ná sásta a bhí mo bheirt aoire leis an bpióg agus leo féin freisin an lá sin agus iad tar éis teacht ar fhoinsí na Life agus na Deargaile — an Bhré tráth nó gur leath ainm an ghleanna, a chleachtaíodh turasóirí lae ón gcathair, go dtí an abhainn ar fad. Sea, b'ionann ar go leor bealaí an dá gheimhreadh, ach go raibh an dul chun cinn sin ann a bhaineann le fás. Tógáil ar bhonn a bhí leagtha síos an bhliain roimhe. Buanú. Agus Cuid I de *Faust* le Goethe léite ag Seoirse an chéad gheimhreadh, an dara geimhreadh bhí sé ag léamh Cuid II.

Oíche Chinn Bhliana dúirt Seoirse go raibh sé chomh

maith aige seans eile a thabhairt don dream sin ón gcoláiste. Dá dtuirseodh sé den chomhluadar, ar seisean, dhéanfadh sé a bhealach abhaile agus cá bhfios nach mbeadh sé luath go leor fós bualadh isteach tigh Dhiarmada. Is ann a bhí muid féin ag dul agus ag deireadh na hoíche ní nach raibh fanta ach muid féin. Cé nach luafainn é, bhí mé ag súil go mór faoin am sin go dtiocfadh Seoirse isteach chugainn. Nuair a dúirt Diarmaid, dá chonlán féin, gur mhór an trua nach bhféadfadh Seoirse teacht, socraíodh go dtiocfadh sé féin, is é sin Diarmaid, chun béile faoi cheann cúpla lá.

'Bhí rud eile a theastaigh uaim a rá libh,' ar seisean ansin. 'B'fhéidir go... tharlódh go bhfuil sé oibrithe amach agaibh faoin am seo.'

'Níl tú ag cuimhneamh,' arsa mise, 'ar aistriú ón áit seo?'

'D'aireodh muid uainn tú,' arsa Muiris.

'Ní shin é,' arsa Diarmaid; 'ach go bhfuilim aerach. Tá an-chion go deo agam ar an mbeirt agaibh.'

'Agus an-chion againne beirt ortsa,' a dúramar araon beagnach d'aonghuth.

Bhí Seoirse imithe le dhá lá agus é fós 'as baile' nuair a tháinig am an bhéile. D'fhágas cuid i leataobh dó, ach níor tháinig sé.

'Níor cheart duit a bheith ag súil lena theacht,' arsa Muiris, 'ag tarraingt díomá ort féin mar sin.'

Bhí an ceart aige. Is annamh nach raibh. Fear óg stuama ab ea Muiris nár ghá dó Seneca a léamh le teacht ar thuiscint mar sin. Chomh fada is a bhain sé le tíosaíocht, agus mar sin de, bhí praiticiúlacht ag baint liom féin freisin. Ach chomh fada is a bhain sé le brí níos leithne an fhocail, glacadh le cúrsaí an tsaoil, bhí Muiris i bhfad chun cinn orm. Cuir leis sin an dearcadh rómánsach a bhí agamsa agus dearcadh tragóideach Sheoirse agus tá agat trí sleasa ár dtriantáin bhig. Rith sé liom go mb'fhéidir gur theastaigh ó Sheoirse socrú eile a dhéanamh don athbhliain, sula n-iarrfaí air imeacht mar a tharla an bhliain roimhe. In ainneoin na haragóna 'ba shibhialta' dá bhfaca sé ariamh, ba mhó ar ár suaimhneas a bhí an triúr againn ná an bhliain roimhe. Bhí muid níos cleachtaithe ar a chéile, níos nádúrtha le chéile, agus ní raibh aon smaoineamh agam féin ná ag Muiris ar Sheoirse a bheith ag imeacht.

An lá dár gcionn agus Muiris agus Art amuigh sa pháirc is ea d'fhill sé ón gcóisir. Bhí beirt in éineacht leis, cara leis agus a chailín a chur sé in aithne dom chomh foirmeálta gur bhraitheas gur gaol lóisteora a bhí aige liom. Muimhneach ard dubh, folt mín go gualainn air, ab ea a chara agus Meiriceánach beag ab ea an cailín, a raibh stíl ghearr new wave ar a cuid gruaige. Ba chairdiúla ina ghnúis eisean ná ise. Nuair a tháinig Muiris isteach agus gach 'Hi' agus 'Is maith liom an ceol' aige, bhraitheas go raibh soineantacht ag baint leis nach raibh ag teacht le gothaí an chomhluadair, nó cuid de. Is ar éigin a chuireas suas leis nuair a thosaigh Seoirse arís ar an bhfoirmle, ag cur a chairde in aithne do Mhuiris agus d'Art. Agus ba mheasa ná sin fós an gáire tobann a rinneadh faoi eachtra éigin ag an gcóisir. Dúirt sé ansin go ndéanfadh sé caife. Bhraith mé go raibh mé sa bhealach orthu. Le héalú uathu, mar a déarfá, dúirt mé go raibh mé ar tí dul faoin gcith nuair a thángadar.

'Shíleas féin,' arsa an Muimhneach go tuisceanach, 'gur cheart dúinn glaoch roimh ré.'

'Tá sibh ceart,' arsa mise.

Nuair a tháinig mé ar ais, nite, gléasta agus mo ghruaig curtha suas agam, bhí Muiris sa chistin ag déanamh chilli con carne agus bhí Seoirse leis féin sa seomra eile, ina shuí ag an bhfuinneog mar ba ghnách leis ag léamh. Nuair a bhí ite againn, nigh Seoirse na soithí agus rinne Muiris cleasanna le liathróidí daite a fuair sé faoi Nollaig. Bhí chuile rud ina cheart arís, shílfeá.

An mhaidin dar gcionn baineadh siar asainn nuair a dúirt Seoirse go raibh Matt agus Hanna ag teacht faoina dhéin ar ball. Bhí bealach siar go Gaillimh aige leo. Is ann a bhíodar ag cur fúthu, eisean ag tosú le comhlacht nua ríomhaireachta agus ise ar scoláireacht iarchéime. Ní raibh a fhios aige cén fhad a d'fhanfadh sé, ach bhraith sé go raibh galar na leisce ag teacht air agus an saol róchompordach anseo aige. Níor mhaith leis go dtuirseodh muid de. Bheadh fáilte roimhe i gcónaí, a dúramar. Dhéanfadh an neamhspleáchas maitheas dó, a dúirt sé. Thiomáineas chomh fada le hoifig an dole é. Bhí muid róluath agus shiúlamar timpeall an chuain.

'Ná ceap,' ar seisean, 'nach n-aireoidh mé uaim tú. Tuigeann muid a chéile agus ní beag sin. Cuirfidh mé an seoladh chugat agus ba bhreá liom go dtiocfá ar cuairt chugam.'

Thugas faoi théarma an Earraigh le fonn. Tháinig Diarmaid

cúpla oíche Dhomhnaigh ag iarraidh 'cead' Muiris a thógáil
uaim ar feadh tamaillín. Amach le haghaidh deoch a théidís
agus bhíodh caife agamsa leo nuair a d'fhillidís. Ar nós na
seanlaethanta, ach gurbh fhearr an aithne a bhí againn ar
a chéile anois. Bhí muid go breá go ceann míosa nó mar
sin, ach mar gur fhill Seoirse thart faoin am sin an bhliain
roimhe, thosaigh mé, de m'ainneoin, ag tnúth lena theacht.
Tháinig m'athair arís agus gúna beag eile aige d'Úna. Nuair
a dúirt sé nach raibh 'triúr sa chistineach mar a bhí anur-
aidh', d'airigh mé Seoirse uaim. D'airigh mé nárbh ionann
an comhluadar dá uireasa. Bhí trioblóid le rang 1B. Thaobh-
aigh an príomhoide le scata gligíní, mar a thugadh Iníon
Ruiséal orainn fadó, a d'éiligh go raibh mé tar éis a bheith
ródhian orthu. Bhraith mé go raibh tuismitheoir tar éis íde
béil a thabhairt dó agus go raibh sé lena bhualadh ormsa.
Ag labhairt dó trína fhiacla chas sé ar an mBéarla, 'Don't
get me in the shit again.' Chuir sé bréaga i mo leith agus
dúirt go raibh mo chuid éadaigh ró-óg. Nuair a tháinig mé
ar ais tar éis lóin bhí léine gheal agus culaith dhorcha orm.
Agus mé ag caint le Muiris an oíche sin faoin gcruinniú
brúidiúil san oifig sileadh na deora a bhí ag borradh ó
mhaidin. Ní mise ach eisean a mhol cúpla lá i nGaillimh.
Bhí briseadh meántéarma ann agus shíl sé gurbh fhearr a
d'éireodh le Seoirse ná leis féin an eachtra mhíthaitneamh-
ach a chur taobh thiar díom. An dara leath-théarma, ón
Inid go dtí an Cháisc, is cosúil le dráma trí ghníomh é agus
an phríomhpháirt labhartha ag Seoirse.

Dílseacht

'Ba dheas uaibh teacht,' arsa Seoirse nuair a shiúlamar isteach Tigh Neachtain, mé féin agus Úna.

Ag fanacht ar an mbeirt a thug anoir é a bhí sé. Nuair nach raibh aon scéala aige féin thosaíos ar scéal na scoile, ach mar a deirtear, bhraitheas nár thaistil sé go maith, go gcaithfeá a bheith ann, nó níos gaire do bhaile ar a laghad. Rudaí eile a bhí ag cur as do mhuintir an bhaile seo.

'Ba dheas uaibh teacht,' arsa Seoirse arís.

A mhalairt a bhraitheas. Isteach leo ansin, Matt agus Hanna. Chaoch seisean leathshúil orm agus arsa *gamine* Bhoston, '*Quelle surprise!*'

Bhí sciar d'airgead Fulbright tar éis teacht an mhaidin sin agus fuadar fúithi chun cheilúrtha. I gcoirnéaltheach aolchloiche eile, an sórt meánaoiseach atá coitianta ar an mbaile sin, a chaitheamar ár mbéile. Matt a bhí os mo chomhair amach agus bealach an-nádúrtha aige a réitigh go maith liom, ach nuair a rith sé liom gur thug Seoirse amach dom uair faoina bheith ag gáire le fear óg ar chóisir, rug mé ar mo stuaim. D'airigh mé taobh liom ansin é ag déanamh cur síos do Hanna ar Thuama an Chrosáidí in Eaglais Naoimh Nioclás.

I mbáfhuinneog chuartha a bhí an leaba i seomra Sheoirse. Bhí tolg ann chomh maith. Shoiprigh mé Úna ansin agus shuigh mé fhéin agus Seoirse ar an urlár. Tharraing sé chuige íomhá an Chrosáidí arís.

'Coimhlint is ea é,' ar seisean, 'idir an corp agus an ceann, agus fiú an ceann, feiceann sé ceart sa dá thaobh.'

Ní raibh a fhios agam beo céard faoi a bhí sé ag

caint, ach gur dócha gur ar an tolg a chaithfinn an oíche.

'Ar nós ridire ar chapall bán,' ar seisean 'a bhfuil ribín chailín aige ach go bhfuil a dhílseacht dá thástáil, b'fhéidir gurbh fhearr leis a bheith ina ridire dubh.'

Ní eisean amháin a bhí dhá thástáil. Cé gur shantaigh mé an corp sin ar thagair sé dó, dúirt mé nár bhaol dó. Bhain mé díom mo chuid éadaigh troma agus luigh mé síos in aice le hÚna.

An tráthnóna dar gcionn bhuaileamar arís le Matt agus Hanna. Ag spaisteoireacht dúinn tar éis cúpla deoch, tharraing Seoirse aird Hanna ar leacht cois Coiribe, a bhronn muintir Ghenoa ar mhuintir na Gaillimhe i gcuimhne ar thréimhse a chaith Criostóir Columbus ar an mbaile sula ndeachaigh sé go Meiriceá. Agus muid socraithe síos arís i seomra Sheoirse, tharraing sé íomhá eile chuige féin.

'Meas tú nach bhfuil an "craiceann" agus a luach agam,' ar seisean, 'tú i do luí ansin agus an t-aer ón teasaire ag ardú binn d'fhallainge mar a bheadh gaothrán ar stáitse i Hollywood.'

Rinne mé gáire, agus cé gur dheacra fós é ná an oíche roimhe, dúirt mé gur mhaith liom scríobh i mo dhialann, dá mba mhaith leis féin a bheith ag léamh.

An tríú lá nuair a luas go raibh mé ag smaoineamh ar chuairt a thabhairt ar chara liom sa Spidéal, dúirt Seoirse nár mhiste leis dul siar bóthar Chois Fharraige in éineacht liom.

'D'aithníos an chéad lá i dTigh Neachtain,' arsa mise agus muid ar an mbealach abhaile, 'go raibh rud éigin ag déanamh tinnis duit.'

'Ó?' ar seisean, 'is iontach liom go ndeir tú sin.'

'Nach raibh a fhios agat,' arsa mise, 'go mbíonn a fhios

ag bean go bhfuil fear ag éirí tuirseach di fiú sula mbíonn a fhios ag an bhfear féin é.'

'Murach tusa á luadh,' ar seisean, ní luafainnse féin é, nó í ba cheart dom a rá.'

An bhean rúnda seo, nár casadh air le trí lá, ach gur bhraith sé dílseacht di mar sin féin, ní foláir nó ba chumann leataobhach í. Pé acu arbh ea nó nárbh ea, ní raibh fúm seans a thabhairt dó labhairt uirthi agus d'fhágas an scéal mar sin. An oíche sin sa seomra agus muid inár suí ar cholbha na leapa níor tharraing Seoirse aon íomhá sheachantach chuige féin.

'Fan mar a bhfuil tú,' ar seisean, 'go bhfeice mé an solas ag titim ar chúl do chinn.'

Bhí tamall ann ó labhair sé mar sin liom.

'Níl unsa dílseachta fágtha ionam,' ar seisean, 'ag breathnú ort … ag caint mar seo leat.'

Bhog mé mo chloigeann, chomh mall nach dtabharfadh an tsúil faoi deara, óna ghualainn isteach idir corrán a ghéill agus a bhranra brád — díon agus urlár tí a thaithíos cheana ach nach dtuirseoinn de choíche. Barra mo mhéar ar chneas mín a ghrua agam agus méara na láimhe eile ag cíoradh ghruaig dhubh a chinn. Chuimil sé mo chláréadan go héadrom le barra a mhéar agus phóg sé mé le fonn. Má bhí sé ar tí dul le bean eile, mura dtabharfainn mé féin go hiomlán dó anois, b'fhéidir go mbeadh an seans ligthe tharam ar fad. Is cuimhin liom solas lampa sráide ar an mbraillín bhán sa bháfhuinneog nuair a rinneadh an beart.

Chualathas sa chiúnas gáire ón mburla ina codladh ar an tolg.

'Tá sí i mbrionglóid dheas, shílfeá,' arsa Seoirse agus é ag baint gáire réidh asam féin.

'Cén deifir atá ort,' ar seisean go haireach ar maidin, 'íosfaidh muid bricfeasta sa chathair.'

B'fhearr liom ar bhealach an bóthar a bhualadh sula ndéarfadh sé aon rud a bhainfeadh d'aoibhneas na hoíche roimhe, ach ní raibh sé ionam diúltú dá chuireadh tamaillín beag eile a chaitheamh ina chuideachta. Caife agus pancóga milse a bhí againn ar cheann de thaobhshráideanna gleoite na cathrach. Is cuimhin liom gur labhair sé faoi Stubbers, an fear a bhain an ceann de Shéarlas I agus a fuair, mar luach saothair ó Chromaill, an mhéaracht agus teach an Loingsigh a bhí ina mhéara ag an am. Dúirt sé go dtiocfadh sé ar cuairt chugainn faoi cheann coicíse nó mar sin, ach ag an am céanna d'aithníos amhras air, amhras an chéad tráthnóna Tigh Neachtain. Rug sé barróg orm agus shleamhnaigh mé isteach sa ghríobhán coincréite a raibh an carr fágtha agam ann. Ní raibh aon súil agam agus mé ag teacht amach arís faoi sholas an lae, é a fheiceáil romham ag croitheadh lámh go mall orm. Ba dheacair é a léamh, ba chosúil é le radharc i scannán a bhain le daoine eile.

An chéad oíche sa bhaile dúras le Muiris go raibh tuirse orm tar éis an aistir. Faoin mhaidin dár gcionn thuigeas gur i m'intinn amháin a d'fhéadfainn a bheith dílis do Sheoirse. Faoin mbraillín bhán a bhí mé arís, solas an lampa sráide ag soilsiú chuar na báfhuinneoige, agus shileas de m'ainneoin deor nár facthas.

Bhí drochlá eile agam le rang 1B. 'Dá mbeifeá níos

cineálta linn,' arsa an buachaill céanna a tharraing an raic cheana, 'b'fhéidir go ndéanfadh muid ár gcuid oibre.' Bhí sé anois mar a bheadh ceannaire ceardchumainn acu. Ní hé go raibh mé crosta leo, ach ón lá ar cuireadh fios orm chun na hoifige, ní raibh mé róchairdiúil leo ach an oiread. Bhí sé ina chogadh fuar idir mé agus iad. Bhí cúrsaí maith go leor leis na ranganna eile, ach bhraitheas súil cháinteach an phríomhoide orm i gcónaí. D'airínn freisin an comhrá ag stopadh nuair a shiúlainn isteach sa seomra foirne. Sa bhaile mhothaigh mé nár thuig Muiris mar a bhíothas ag caitheamh liom sa scoil. Rith sé liom gurbh fhearr a réiteoinn an scéal ach mé a bheith liom féin arís. Bheadh brí eile le hobair ansin, mar go gcaithfinn mo bhealach féin a shaothrú.

Ag baile tráthnóna Aoine trí seachtainí tar éis dom bheith i nGaillimh. Lá maith a bhí ann agus mé tar éis breith ar mo mhisneach agus beannú go cairdiúil don phríomhoide. Is beag nár baineadh truisle as, ach b'fhacthas dom nár thóg sé orm é. B'éigean don taoide casadh. I mo luí dom ar mo leaba ag machnamh air seo a bhí mé nuair a d'airigh mé an comhrá seo.

'Bhfuil a fhios agat cén t-ainm atá ar an bpátrún sin ar do phitseámaí?'

'Tá sé dearmadta agam,' arsa Art.

'Paisley,' arsa Seoirse, 'na tonntracha beaga a thagann isteach ag béal na Coiribe, áit a bhfuil an t-uisce tanaí, sin é an cruth atá orthu.'

Grá mo chroí agus é tagtha ar ais chugainn. Níl a fhios

agam cén fhad a d'fhanas ag baint aoibhnis as a chuid focal
ag teacht aníos chugam i ngan fhios dó.

'*Vestita di noblissimo colore...*,' ar seisean nuair a d'fhoil-
síos mé féin dó thíos staighre. Bhain an ciúta seo gáire
asam. Gúna craorag a bhí orm, mar a bhí ar Bheatrice.

Maidin lá arna mhárach agus Muiris amuigh leis na gasúir
d'fhanas féin sa leaba agus thit mo chodladh orm. Bhí
ceann na leapa idir na fuinneoga anois agus mé i mo luí
idir dhá mhaide gréine. Brionglóid a dhúisigh mé, nó b'shin
a shíl mé nuair a mhothaigh mé mar a bheadh bonn coise
ag déanamh a bhealach go deas síos mo cholpaí.

'Mo cholpaí méith,' arsa mise, 'nach tusa atá dána.'

'Malairt méith thú,' ar seisean, 'agus chomh hinsroichte
atá na cnámha míne sin agat.'

Ó, b'aoibhinn a bheith ag éisteacht leis, ach mura
gcloisfinn an carr bhéarfaí orainn cinnte. Lean sé air.

'Tá tú díreach mar a bhím féin,' ar seisean, 'agus cuid
amháin de d'aigne ag troid leis an gcuid eile.'

Seanchleas suirí, an t-ionannú sin agus an tabhairt le
fios nach ndéantar talamh slán d'aon rud in ainneoin ar
tharla cheana. Ar nós na fichille caithfear na píosaí a leagan
amach ag tús gach cluiche. Gnás na hathghabhála agus an
athghéillidh.

Shiúlamar ansin, an cúigear againn, chomh fada leis na
healaí ag béal na habhann agus d'ólamar deoch sa Harbour
Bar. Má bhraith mé fuinneamh sa neamhspleáchas tráth, is
le Seoirse a bhraith mé an fuinneamh sin anois. D'éirigh
mé go luath an mhaidin dár gcionn agus cé nach gceann-

aíodh muid ariamh ach *Times* an tSathairn cheannaigh mé páipéar Domhnaigh. Ag ullmhú an bhricfeasta dom chuireas na leanaí faoin gcith. Ag ullmhú na bhfataí agus na grabhróige úll chuireas éadach geal agus bláthanna ar an mbord, cúig cinn de lusa an chromchinn a bhí ag fás sa chlós ar chúl an tí. Tar éis an bhéile d'fhan mé taobh istigh ag éisteacht le Schubert. Shuigh mé i gceann den dá chathaoir a bhí le hais na bhfuinneog thuas staighre. Bhí cúpla cnaipe le cur agam ar chóta agus radharc síos ar an bpáirc agam mar a raibh an chuid eile. Tháinig Seoirse ar ais rompu agus shuigh sa chathaoir eile ag léamh leabhair.

'Is maith liom do léine,' ar seisean. Cáimbric gorm a chonaic sé go minic roimhe sin, seanrud ach bhraitheas go raibh sé ag breathnú orm le súile nua.

'Bhíos ag cuimhneamh,' arsa mise tar éis tamaill, 'ar mo chuid gruaige a bhabáil.

'Ná déan,' ar seisean, agus d'ísligh sé a ghlór beagán, 'tá sí éirithe an-deas le deireanas.'

D'éirigh sé ansin agus leag leathlámh trasna bharr na fuinneoige.

'Le breathnú ar leabhar a tháinig mé aníos anseo,' ar seisean, 'ach de m'ainneoin is ortsa atá mé ag breathnú.'

Ní raibh freagra agam air sin nach mbainfeadh de agus d'fhanas i mo thost.

'I dtosach,' ar seisean, 'an chéad samhradh sin, nuair a tháinig mé anseo den chéad uair, is dócha go raibh sórt faitís orm romhat. Bhí corraíl ag baint leis ceart go leor, ach chuir tú mo mháthair i gcuimhne dom agus b'ábhar imní dom é sin. Táim á rá seo anois, mar nach bhfuil sé fíor níos mó. Mhúscail Katya bá ionam do mo mháthair a leathaigh ionas gur fearr a thuigeas tú féin. Is é m'fhaitíos anois,' ar seisean ag ísliú a ghlóir, 'go bhfuil tú rócheart dom. Bhí mé ag ceapadh go gcuirfinn fúm i nGaillimh,' ar seisean, 'ach níl a fhios agam anois.'

'B'fhéidir nár cheart dom é rá,' arsa mise, 'ach braithim go bhfuil tú níos sona anseo ná mar a bhí i nGaillimh.'

'Ní miste liom tú á rá.' ar seisean, 'Táim ar mo shocracht anseo.'

An mhaidin dár gcionn agus slán fágtha agam leis féin agus Muiris chuala buille ar an doras.

'Bhfuil leabhar agat dom?' arsa Seoirse.

'Cén leabhar?'

'Dúras le Muiris go raibh leabhar fágtha i mo dhiaidh agam.'

Ní raibh ann ach leithscéal le mé a phógadh. Agus ba dheas mar phóg í mar nach raibh aon súil agam léi.

Cúpla lá ina dhiaidh sin nuair a bhí mé ag piocadh suas cártaí a bhí scaipthe ar an urlár i seomra na leanaí, tháinig íomhá chugam den saol a bheadh agam le Seoirse amháin. Dílleachta gan bhaile, gan chéim, gan phost, a chaithfeadh uaireanta fada ag cur barr feabhais ar liricí sula gcuirfeadh sé 'an ghlanchóip' mar a deireadh sé, ina leabhar nótaí. Mar sin féin, ba ghaire don choitiantacht é ná Muiris, ar bhealaí eile. Eisean a dúirt go raibh sé in am leaba cheart a fháil d'Úna. Bhí sé go maith ag an mionchaint. Ní raibh sé scaipthe mar a bhí Muiris, bhí tuiscint aige ar mheanma ócáide, cluiche Scrabble le gaolta nó turas fánach ar theach an phobail. Cé nach raibh sé ann i gcónaí, nuair a bhí sé ann bhí sé i láthair go hiomlán, nó mura raibh, ba le hintinn chinnte a choinníodh sé é féin chuige féin. Ní bheadh an tsaoirse chéanna agam dá mba leisean a bheinn, ach b'fhéidir gur chun mo leasa é sin, agus ar aon nós nárbh shin é an gnáthrud? Bheadh goilliúnacht ag baint leis, ach b'fhéidir nárbh aon dochar é sin, nó b'shin a shíleas ag an am. Na cuimhní agus na focail a d'fhágadh Seoirse mar fhéiríní ina dhiaidh, is ag dul i milseacht a bhíodar i gcónaí. Duilleoga úra ar phlanda go ndéantar díobh ansin sean-duilleoga dorcha na bliana dár gcionn. B'fhacthas dom gur léiriú ar an mbláthú a bhí tagtha air féin le dhá gheimhreadh anuas, gruaig a chinn a bheith fásta gur thit sí óna bhaithis siar anois ar aon fhad thar bhóna a léine. Ní raibh cuma bhuachaill scoile air níos mó.

Maidin aoibhinn ghréine agus Seoirse imithe le seachtain bhí litir dheas agam ó Katya. Tuar maith agus an tráthnóna sin ba léir go raibh deireadh tagtha leis an teannas a mhair seachtainí idir mise agus rang 1B. Tar éis stoirm chloch sneachta a dhorchaigh an seomra, tháinig maide gréine trí chuirtín throm na scamall agus soilsíodh an clár dubh. 'Daffodils,' le Wordsworth a bhí mé ag scríobh agus na daltaí á bhreacadh síos ina gcóipleabhair. Bhí sé ag cuid acu ón mbunscoil agus is cuimhin liom monabhar taitneamhach a nglórtha ag críochnú na línte sula raibh siad ar an gclár agam. Míorúilt. Samhlaím fuaimraon leis an radharc sin anois — gluaiseacht dheireanach Shiansa Tréadach Bheethoven, 'Paidir Buíochais an Aoire tar éis na Stoirme.'

An lá roimh chothrom lae mo bhreithe. An lá deireanach

agam sna fichidí. Feadaíl taobh amuigh d'fhuinneog an
tseomra leapa. Ní raibh sé ina mhaidin go fóill. Seoirse a
bhí ann agus Muiris ar thuras scoile go ceann seachtaine.

Chodlaíomar gur dhúisigh an lá muid,
lá go mba linne amháin é,
Times an tSathairn,
tósta agus marmaláid,
tae agus oráistí.

Scannán ar ball —
Tous les Matins du Monde
(sa Lighthouse ar Shráid na Mainistreach)
agus La Cave ar Shráid Anna,
mar chlabhsúr ar an lá.

'Is maith liom go mór a bheith in éineacht leat,' ar seisean i
gcomhrá ceannadhairte na maidine dár gcionn. 'Níl mórán
go gcreidim ann,' ar seisean, 'ach creidim ionatsa. Tá súil
agam nach miste leat mar íomhá é, ach is creag i lár na
farraige tú.'

Leis sin, d'éirigh muid. Bhí cuireadh tugtha agam do
dhaoine teacht chun lóin agus cé go mb'fhearr liom anois ná
aon chomhluadar Seoirse agus na leanaí — Pizzas 'n' Cream
agus siúlóid cois farraige — ní raibh de mhisneach agam an
rud a chur ar ceal. Chuaigh muid amach sa pháirc tamall go
dtiocfadh na cuairteoirí. Ar bhruach na habhann rinneamar
báidíní páipéir a sheolamar síos chun na farraige. Ansin
thug Seoirse lámh chúnta d'Art dul ag dreapadh i gcrann
cnó capaill agus thug sé luascadh d'Úna i mbonn rubair a

bhí crochta ón gcrann céanna. 'Tá siad ag baint sult as an maidin,' arsa Seoirse, agus é á shuí féin síos os mo chomhair amach faoi chrann eile a raibh piotail leagtha ag gaoth scaipthe mórthimpeall air. Nuair a thuirling ceann acu ar mo chláréadan tháinig miongháire ar m'aghaidh, miongháire a bhain macalla as a aghaidh seisean. Macalla tostach nach loitfinn le caint. Chlaon sé a cheann. Chlaon mé mo shúile. Céard a chuir tús leis? Mo shuí faoin gcrann nó eisean a theacht anonn chugam. Pé ar bith é, ní raibh aon sárú ar an seanmhothúchán sin, mé curtha faoi dhraíocht aige, mé i mo Mhona Lisa aige arís agus é ag breathnú chomh báúil sin orm. Feicim Art chugainn, é ina sheasamh anois taobh le Seoirse, uillinn leis leagtha ar ghualainn Sheoirse. Seanchomhrá eatarthu a bhaineann leis na plainéid agus leis an Drochshúil.

Nuair a bhí muid ar ais sa teach, luaigh Seoirse go raibh Matt agus Hanna sa chathair, dá mba mhaith liom go dtiocfaidís amach chugainn. Nuair a bhí sé imithe chuig an stáisiún le casadh orthu, ghlaoigh Diarmaid ar an bhfón.

'Ceist agam ort,' ar seisean, 'tá cara liom anseo....'

'Buachaill deas?' arsa mise. 'Bhuel, beidh mé ag tnúth lena fheiceáil.'

Ghlaoch ansin nach raibh súil agam leis, Katya agus Charlie ó Dhún Éideann. Faraor, is ar éigin a bhí 'Happy Birthday', ráite aici nuair ab éigean dom an doras a oscailt agus, ó tharla Seoirse a bheith amuigh, níor éirigh léi caint leisean ach an oiread.

Mo dheirfiúr agus mo mháthair ba thúisce a tháinig.

Thugadar leo cáca sú talún, ceann a d'iarras orthu a thabh-
airt. Bhraitheas teannas éigin eaturthu nó uathu, gur tháinig
Esmé agus go ndeachaigh a gáire croíúil i gcion orthu agus
gur ídigh an fhéinchoinsiacht go raibh muid tamall mar a
bhíonn leanaí a bhaineann spraoi eilimintiúil as séideán
gaoithe nó as tonnta na farraige. Facthas ansin tríd an
bhfuinneog mo dheartháir agus m'athair in éineacht leis.

'Beidh mise ag imeacht mar sin,' arsa mo mháthair.

D'osclaíos an doras.

Arsa mo dheartháir, agus m'athair ag bronnadh mála
Hoggis Figgis orm a raibh leabhar le toirt mála plúir ann,
'Casadh Seoirse orainn ag an stáisiún.'

'Ó,' arsa mise, 'A Suitable Boy.'

'Shíleas,' arsa m'athair 'go dtaitneodh sé leat.

Úrscéal nua le Vikram Seth. Ní raibh a fhios agam an ag
magadh fúm a bhí sé, ach dúras go dtaitneodh sé liom
cinnte.

'Dúirt sé,' arsa mo dheartháir, 'go raibh sé ag fanacht ar
chairde leis a bhí ag teacht ar an traein.'

'Cé a dúirt é sin?' arsa mo mháthair.

'Ólfaidh tú tae, Dada?' arsa mise, ag dul siar chun na
cistine.

'Cé atá ag fanacht ag an stáisiún?' arsa mo mháthair
amach beagáinín níos airde.

'Seoirse,' arsa mo dheartháir.

'Ó,' ar sise agus í i bhfad róchorraithe, 'bhí dearmad
déanta agam ar Sheoirse.' D'fhéach sí ansin ar Esmé 'Ar chas
tú ariamh air?'

'Chas,' ar sise.

'Agus,' arsa mo mháthair, 'nár thaitin sé leat?'

'Fear dathúil cinnte, agus bealach leis, an bealach céanna atá le Johnny sin agamsa. Tá's agat,' arsa Esmé go cúirtéiseach, 'go bhfuil muid scartha le cúpla bliain anois.'

'Tá brón orm,' arsa mo mháthair, 'é sin a chloisteáil.'

'Go raibh maith agat,' arsa Esmé, 'ach is é deirim féin nach bhfuil sa chaitheamh ina dhiaidh ach cur amú ama.'

Bhraitheas gur lú an bá a bheadh ag mo mháthair le hEsmé anois toisc an saicéadach agus an luaithreach a bheith caite uaithi aici.

'Rachaidh mé go dtí an carr leat,' arsa mise léi, 'sula ndéanfaidh mé an tae.'

'Is dócha nach ionann mo chás-sa,' ar sise amuigh ar an tsráid, 'agus cás Esmé.'

Tá daoine ann a chreideann chomh mór sin ina n-eisciúlacht féin, is cuma cén duairceas a leanann nó cén sólás a shéantar orthu, go ndiúltaíonn siad d'aon réiteach nó d'aon ráiteas arbh ionann glacadh leis agus a admháil gur duine iad mar chách. Duine díobh sin ab ea mo mháthair. Mura dtiocfainn lenar dhúirt sí d'imeodh sí faoi scamall díomá. Bhí mé buíoch d'fheadaíl an chitil.

'Beidh muid ag caint arís,' arsa mise, agus d'fhágas slán léi.

'Do chuid tae,' arsa mise. 'Chuala mé an citeal ón tsráid.'.

'Sea,' arsa m'athair a bhí ina shuí ag bord na cistine ag dáileadh barraí Toblerone ar na leanaí, 'd'fhágas é mar níl aon chleachtadh agam ar an ngás, cé gurbh é a bhíodh againn fadó. Tá sé seo go breá anois.'

Tháinig mo dheirfiúr isteach agus shuigh ag an mbord in éineacht leis. Cloigín an dorais. Seoirse in éineacht le Matt agus Hanna nó Diarmaid agus a chara nua? Bhí Esmé agus mo dheartháir ina seasamh os comhair na tine agus gloiní fíon dearg ina lámha acu. Ise sna tríthi ag an aithris a bhí sé ag déanamh ar mo mháthair.

'Á' ar seisean agus an méid ceart díreach den áibhéil aige le breith ar thuin sin an éadóchais aici, 'Tá *an*-bhrón go *deo* orm é sin a chloisteáil.'

Chonaic mé tríd an bhfuinneog cé a bhí ann.

'Lís, Gavin,' arsa Diarmaid, 'Gavin, Lís.'

'Breithlá faoi shéan agus faoi mhaise duit,' arsa Gavin, agus bhronn sé buidéal seaimpéine orm. '

'Ó,' arsa mise, 'níor cheart daoibh, tá sibh rómhaith.'

'Comharsana níos fearr,' arsa Diarmaid le Gavin, 'ní bhfaighfeá in áit ar bith ná Muiris agus Lís.'

'Ná Diarmaid,' arsa mise.

Chuireas Gavin, fear beag pointeáilte, in aithne don bheirt eile. Bhí casta acu ar Dhiarmaid cheana. Shuigh an comhluadar ar dhá thaobh na tine agus lean an chaint.

'Bhí sé féin ag labhairt oraibh aréir,' arsa Gavin agus é ag leagan barr a mhéire ar chúl láimhe Dhiarmada. 'Cad é seo a thug tú ar fhear céile Líse?'

'Muiris?' arsa Diarmaid.

'Dar ndóigh,' arsa Gavin, 'ach….'

'Is cuimhin liom anois,' arsa Diarmaid, 'i gcead duit, a Lís, agus mé ag iarraidh cur síos ar charachtar Mhuiris, is éard a tháinig chugam an Búda, a aoibh thaitneamhach agus mar a ligeann sé rudaí thairis.'

'B'fhéidir,' arsa mo dheartháir lenár gcur ag gáire, 'más cead don Bhúda a bheith tanaí.'

'*Seriously though*,' arsa Diarmaid, 'tá tuiscint ag Muiris, tuiscint agus doimhneacht.'

'Déarfaidh mé leis é,' arsa mise go ceanúil, 'nuair a fhillfidh sé.'

Chuireas ceist ansin ar Ghavin ar mhúinteoir é féin freisin.

'Ní hea,' ar seisean. 'I Maigh Nuad a bhí mé go dtí le gairid.'

'Gur éalaigh tú as,' arsa Diarmaid.

'Nár thaitin sé leat?' arsa mise go saonta.

'I gcoláiste na gcléireach a bhí mé.'

'Ó,' arsa Esmé, 'agus an t-am a chuir tú isteach ann le cúiteamh anois.'

'Níor cheart dom é seo a rá,' ar seisean, 'ach bhí *time* maith go leor againn istigh.'

'Chreidfinn é,' arsa mo dheartháir.

Cuireadh moill ar Mhatt agus is í Hanna amháin a bhí in éineacht le Seoirse ar fhilleadh dó. Bhí bláthanna aici dom, a chuireas i gcrúiscín Sheoirse agus Mharina, mar a thugtaí air, agus cárta uaithi féin agus Matt. Tháinig mé uirthi tar éis tamaill thiar sa chistin á cur féin in aithne do m'athair. Bheannaigh sé go béasach di, ach b'fhacthas dom gur thuirsigh sé, nó gur tháinig mífhoighid air nuair a lean sí uirthi ag caint agus gur luaigh sí ábhar a cuid taighde. Bhí seanaithne agam air agus fios agam nach raibh sé ar a shuaimhneas le hábhar nach raibh cur amach aige air cheana féin. Le teann trua don bheirt acu, thugas i leataobh beagáinín í ionas gur liomsa a leanfadh sí ag caint. B'fhacthas dom féin gur spéisiúil mar ábhar iad na deirfiúracha céile a bhí pósta leis na deartháireacha Llewelyn-Davies. Sylvia bean Arthur agus Moya bean Chompton agus gur mar gheall ar an dlúthchairdeas a bhí idir iad agus fir eile a chuimhnítear orthu anois.

'J.M. Barrie i gcás Sylvia agus Mícheál Ó Coileáin i gcás Mhoya,' ar sise.

'Nach bhfuil a hainm sise,' arsa m'athair anonn chugainn, 'le hainm Sheoirse Mhic Thomáis ar an leagan Béarla de *Fiche Bliain ag Fás*.'

'Sin í go díreach,' arsa Hanna. 'Bliain díreach tar éis bháis Uí Choileáin is ea tháinig Seoirse go hÉirinn den chéad uair agus cé go raibh sé i bhfad níos óige ná í, ar nós an Choileánaigh roimhe, thugadh sé cuairt go minic uirthi ina teach mór agus é mar chineál uncail ag na leanaí, mar a bhí J.M. Barrie tráth ag leanaí Sylvia, gur orthu a bhunaigh sé *Peter Pan*.'

Ar shéideadh amach na gcoinnle, thug Seoirse póg dom agus ar deireadh ní raibh fágtha den chomhluadar ach Esmé agus Hanna. Le hEsmé a bhí mé féin suite ar thaobh amháin den seomra agus amach romhainn ar an tolg bhí Seoirse agus Hanna.

'Sílim,' arsa Esmé os íseal, 'go bhfuil an cailín sin ceanúil ar Sheoirse.'

Cé a bheadh ag an doras ansin ach Matt. Dúirt Esmé go raibh sé thar am aici féin a bheith ag imeacht agus, ar sise ag an ngeata, gur shíl sí nach raibh sí féin istigh róshásta a buachaill a bheith tagtha agus deireadh curtha aige lena comhrá le Seoirse. B'fhéidir go raibh an ceart ag Esmé mar ar dhul ar ais isteach dom bhraitheas teannas sa seomra. Dúirt Hanna nach bhfanfaidís i bhfad eile.

Shuigh muid thiar sa chistin agus réitigh mé pláta do Mhatt sula n-imeoidís.

'Bhí brionglóid agam cúpla oíche ó shin,' arsa Matt, 'agus cé bhí ann ach Lís.'

'Mm?' arsa Seoirse.

'Sa seomra ranga a bhí tú,' arsa Matt, 'ag scríobh ar an gclár dubh.'

'Meas tú,' arsa Hanna, 'cé a bhí i mbrionglóidí an choda eile againn an oíche sin?'

'Bhuel,' arsa Matt, 'pé ar bith faoi sin, lá scoile agatsa is ea an lá amárach agus mura mbuailfidh muid féin bóthar ní bheidh muid ar an traein.'

'Ba dheas uait teacht,' arsa mise leis, ach cheartaigh mé mé féin ansin. 'Ba dheas uaibh teacht.'

Maidin lá arna mhárach, chuir sé gliondar orainn éisteacht i ngan fhios dóibh le spraoi na leanaí sa seomra trasna uainn. Nuair a tháinig mé isteach ón scoil dúras le Seoirse go raibh lá ceadaithe ag an bpríomhoide dom nuair a d'iarr mé tráthnóna saor do bhronnadh na céime an lá dár gcionn. Dúirt sé go dtiocfadh sé liom dá mba mhaith liom, ach bhraitheas gur chúram mo dhóthain agam m'athair agus mo mháthair agus na leanaí, nó nach raibh mé réidh fós lena thabhairt in áit Mhuiris chuig ócáid mar sin. Ní cuimhin liom cén chaoi a chaith muid an tráthnóna, le gnáthchúraimí is dócha, ach bhraith mé le titim na hoíche agus é ag cuardach réaltaí go fánach i spéir scamallach, go raibh athrú tagtha air.

'Ba mhaith liom,' ar seisean nuair a bhí muid tagtha isteach, 'dán nua a léamh duit'

Ag an nóiméad sin thuigeas na comharthaí a bhí á bhfoilsiú dom le ráithe.

'Carthago,' ar seisean.

Bhí fhios agam go raibh baint éigin ag an teideal leis an saol clasaiceach, cé gur focal é nach raibh eochair agam dó go fóill. Bhí faitíos orm mar sin nach dtuigfinn an dán ach, mo léan ba róléir a bhrí. Fear a tháinig i dtír sa Chartaig seo, Elissa bean phósta a thug dídean dó agus Lavinia bean ó thír i gcéin a raibh na Déithe á chur ina treo.

'Séard atá tú ag iarraidh a rá,' arsa mise, 'go bhfuil deireadh linn.'

'Ní mar sin go díreach a chuirfinn é,' ar seisean.

'Go díreach, an ea?' arsa mise, agus mé ag déanamh aithrise air. 'Déarfaidh tú anois gur mhaith leat mé a bheith mar *chara* agat.'

'Sin é a bhí ar intinn agam,' arsa Seoirse, 'ach murab in a theastódh uaitse chaithfinnse glacadh leis.'

'Dá gcloisfeá tú féin,' arsa mise, 'ag ligean ort gur mise atá do do ghortúsa nuair is tusa atá ag briseadh liomsa.'

'Fútsa atá sé,' ar seisean.

'Agus cén t-athrú atá ar na rialacha anois,' arsa mise, 'nach féidir leat a bheith mór leis an mbeirt againn. Tusa a thug 'ardchairdeas' ar a raibh eadrainn, idir an triúr againn, a dúirt nach loicfeá ar do chairde, déarfaidh tú anois nach raibh ann ach baothchaint na hóige. Tá tú róthragóideach ar fad. Is breá leat an tragóid. Tagainn sé le do thuairimí faoi céard is file ann, an chinniúint agus mar sin de. B'fhéidir go raibh an ceart agam an chéad lá beagnach, nuair a dúras nach dtuigfeadh file dada.'

Thug an racht sin leis na deora, mo chuidse dár ndóigh.

'Beidh mé an-bhuíoch díobh i gcónaí,' arsa Seoirse sa tuin bhéasach rófhoirmeálta a d'airigh mé aige cúpla uair cheana, 'faoi bhaile a thabhairt dom nuair nach raibh aon áit eile agam. Maidir leat féin go háirithe, ní ligfidh mé i ndearmad na huaireanta aoibhne a chaith muid i dteannta a chéile. Maidir le tuiscint eadrainn, is oth liom má chuireas amú tú, ach seo mar atá cúrsaí anois.'

Bhreathnaigh sé orm ar bhealach a bhí deacair a léamh. D'fhreagraíos é le féachaint stuama.

'Den uair dheireanach,' arsa mise, agus barra mo mhéar ar foluain os cionn chúl a láimhe, 'murar féidir leat a bheith mór leis an mbeirt againn as seo amach.'

'Ná habair é sin,' ar seisean agus a lámha sáite go cosantach ina phócaí aige. 'Ní maith liom é.'

An raibh amhras air faoin gcinneadh a bhí déanta aige nó arbh é nach mar sin ba mhaith leis cuimhneamh orm, mé ag impí air go héadóchasach? Pé ar bith, ní ghéillfeadh sé dom. Ní ar tholg suirí a bheadh muid anocht ach ar pháirc an áir.

'Tusa a labhair i gcónaí faoin tsaoirse, feictear dom anois go bhfuil tú chomh cúng le cách. Ise a rinne é. Tá tú faoi gheasa aici. Ní leat féin tú féin a thuilleadh. Is léi sin tú. Ní chloisfeá Muiris ag caint faoi shaoirse ach ina bhealach féin chleacht sé í.'

Bhí mé tagtha ar an tuiscint gur ag Muiris a bhí an réimse ba leithne bá agus gur óna shéimhe féin a d'eascair sé. Bhí an comhbhá ag Seoirse i mbaol a bháite ariamh ag an ego, nó ag an scéal a bhí á shíorchumadh aige faoi féin, tréith a d'aithin mé toisc é a bheith go láidir ionam féin.

'Tharlódh,' ar seisean.

'Imigh leat mar sin,' arsa mise, 'pacáil do mhála agus imigh leat go Gaillimh nó go Meiriceá nó pé ar bith áit atá leagtha amach aici daoibh. Cá bhfios cé na trioblóidí atá romhat. Cuimhneoidh tú ansin ar an dídean a fuair tú anseo, cuimhneoidh tú ormsa, ach ní ligfidh an náire duit teacht ar ais.'

Oíche gan chodladh ab ea í. Óladh an iomarca fíona. Caitheadh bláthanna Hanna ar an tine. Ní dhearnadh aon mhaith.

I leathsholas na maidine a d'fhág sé an teach. Focal níor labhradh ag an doras. Bhí a raibh le rá ráite. D'imigh sé mar a d'imeodh strainséir. A chuid giúirléidí pacáilte ina mhála canbháis aige mar a bheadh ceárdaí a bhí istigh le jab a dhéanamh. Bhí an bháisteach ag titim go bog nuair a d'imigh sé as amharc faoi scáth na gcrann.

Iarfhocal

Is cuimhin liom an lá ar fhág Seoirse an teach. An mhaidin a d'imigh sé leis trí na crainn. Ar nós an leannáin san amhrán ag Dylan,

> *Your lover who has just walked out the door,*
> *Has taken all his blankets from the floor,*

bhain sé a phluideanna den urlár, d'fhill sé go cúramach iad mar gurbh é sin an sórt duine é, agus amach leis an doras. Níor rug mé barróg air mar bhí a fhios agam nach raibh aon phóg aige dom. Níorbh aon imeacht le teacht ar ais a bhí anseo ach an t-imeacht deireanach. Trí bliana a bhí sé farainn. Geimhreadh amháin a bhí muid sa teach nuair a tháinig sé agus tar éis dó imeacht níor fhan muid ann ach go deireadh an tsamhraidh. Trí bliana, mar sin, arbh ionann iad beagnach agus na blianta a bhí muid 'thíos ar an Deargail', mar a deirtear ar an mbaile. Go ceann píosa ina dhiaidh sin ba mhinic, de m'ainneoin agus mé amuigh, an ré sin dár saol mar ábhar cainte agam. Insintí éagsúla do gach éisteoir agus béim i ngach ceann acu ar ghné éagsúil dá phearsa, an feighlí foghlamtha, an páirtí fichille, an file fíneáilte, an scoláire bocht. Ré órga ónar eascair mórchuid de mhiotaseolaíocht an teaghlaigh, scéalta a insítear fós tar éis dinnéir don té is óige, a rugadh i bhfad

tar éis na chéad bheirte, buachaill a chreid go ceann i bhfad
go bhfillfeadh an broc arís ar an áit a ndéanadh sé codladh
geimhridh agus cailín a chreid ar feadh na mblianta nach
i gceap cabáiste ach i mála canbháis an chuairteora seo a
tháinig muid uirthi den chéad uair. Na créatúir. Mise faoi
deara na scéalta sin. Mise agus an t-uaigneas a bhí orm ina
dhiaidh.

Nós a bhí ag Seoirse, nós nár thug mé mórán suntais
dó ag an am, feadaíl taobh amuigh nuair a thagadh sé
abhaile san oíche. Cá bhfios cén cumha a mhúsclaítí ionam
sna blianta tosaigh tar éis dúinn aistriú aníos ón abhainn —
chuig ceann de na seanbhungalónna atá fairsing sa chuid
sin den bhaile is gaire don fharraige — nuair a chloisinn
feadaíl an fhir trasna uainn agus é ag útamáil taobh amuigh
le sluasaid, le casúr nó le scuab. Stop mé i mo sheasamh, do
mo réiteach féin, shílfeá, an chéad uair a chuala mé é, agus
an dara huair agus an tríú huair leis, agus mé cinnte gur
Seoirse a bhí ann agus é tagtha ar ais chugainn. Níorbh ea.
Níor tháinig sé ariamh ná níor leag mé féin súil air ón
maidin sin nuair a d'fhág sé an seanteach.

Cúpla bliain ina dhiaidh sin tharla go raibh Muiris as
baile leis féin agus bhuail sé isteach chuig Seoirse. D'imríodar
cluiche fichille agus d'fhanadar ina suí go mall ag caint.
Nuair a d'fhiafraigh mé de Mhuiris an raibh aon scéal ag
Seoirse, dúirt sé nach fada go n-imeodh sé féin agus Hanna
go Meiriceá. Tamall ina dhiaidh sin dúirt sé gur luaigh
Seoirse rud eile, rud a thug misneach dom go ceann i bhfad
ina dhiaidh sin, fós féin b'fhéidir. Go deimhin níor imigh
bliain ó dúirt sé liom é, nár iarr mé ar Mhuiris é a rá liom

arís. D'ardaíodh sé mo chroí i gcónaí amhail is go raibh mé
á chloisteáil den chéad uair. Is éard dúirt Seoirse, gur le
himeacht aimsire a bhí na mothúcháin á múscailt ann dom
agus gur ag an deireadh ar fad, nuair a bhí cúrsaí imithe ar
bhealach eile, gur ansin a thuig sé i ndáiríre go raibh gean
aige orm. Bhí sé ag smaoineamh le gairid, a dúirt sé, ar an
mbanghaiscíoch ar thug Aichill a chroí di ar fhéachaint dó
sna súile uirthi díreach tar éis dó sleá a chur tríthi.

Is deacair a shamhlú anois go raibh an t-am ann go
dtiocainn abhaile ón obair agus nach ndéanainn iontas ar
bith é a fheiceáil ansin romham ag léamh leabhair agus is
deacra fós a shamhlú go raibh an t-am ann nach raibh
aithne agam air, nach raibh sé lonnaithe i m'intinn ag
déanamh scagadh ar gach aon ní a thugaim faoi deara,
ionas nach le mo shúile féin amháin a bhreathnaím ar an
saol ach lena shúile sin freisin. Catalaíoch ab ea é a chuaigh
i bhfeidhm orainn. Gan an tríú péire súl sin tharlódh gur
uaigní mé féin agus Muiris agus gur fearrde muid an aithne
a bhí againn beirt ar Sheoirse sna blianta sin. Agus chomh
ciotach a bhí an tús, agus gur in olcas a chuaigh cúrsaí, is
iontach gur chas an taoide. Mar a labhair sé san fhuinneog
tigh Esmé, agus sna laethanta aoibhne eile nach iad nuair
a d'fhilleadh sé. Má thosaigh an taoide ag trá orainn tar éis
dó casadh ar Hanna, is ina dhiaidh sin a dúirt sé cuid de na
rudaí ba dheise.

D'aithin mé uaim í i bhforhalla na Leabharlainne Náisiúnta
lá agus chuir mé mé féin in aithne di.
    'Quelle surprise,' ar sise. 'Cén chaoi a bhfuil tú?'

Murab ionann agus fadó nuair a dúirt sí na focail chéanna, ba léir óna haoibh nach le híoróin a bhí sí ag caint ach le spleodar.

'Ó,' arsa mise chomh gealgháireach céanna, 'tá mé féin agus Muiris ag stracadh linn. Tá Art agus Úna thíos an bóthar ansin i gColáiste na Tríonóide.'

'Cé a shílfeadh,' ar sise, 'go raibh an oiread sin blianta ann. Sna naíonáin atá ár gcailíní beaga féin. Cúpla — Connie agus Maude — Markieviecz agus Gonne tá's agat. Sílim gur thaitin sé sin leo i Scoil Bhríde!'

'Níor chaill tú ariamh é,' arsa mise, 'ach shílfinn gurbh fhearr le Seoirse ainmneacha ón Sean-Tiomna.'

'Níor chuala tú, mar sin?'

'Níor chuala.'

'Gur scaramar,' ar sise.

'Ó,' arsa mise.

'Seanscéal,' ar sise, 'agus meirg air, ach rud amháin a déarfaidh mé, is breá liom a bheith ar ais in Éirinn agus dár ndóigh le Matt. Má deirim féin é, tá Matt chomh sásta céanna faoin gcaoi ar thit rudaí amach ar deireadh. Míorúilt is ea é i ndáiríre.'

'Is dócha,' arsa mise, 'nár shíl Muiris ach corruair go raibh mé caillte aige, ach ar bhealach eile, is trua leis scaradh na gcompánach. Marina chomh maith céanna le Seoirse.'

'Ní fheiceann sibh í?' arsa Hanna.

'Ní fheiceann,' arsa mise.

'Shíleas,' ar sise go cineálta, 'go raibh cion aici ar Mhuiris.'

'Bhuel,' arsa mise, 'ó tá muid ag caint, inseoidh mé duit. Lá aoibhinn aimsir na Cásca a bhí ann, bliain déarfainn tar éis na cuairte sin a thug Muiris oraibhse. Ag machnamh dúinn ar na seanchairde, "B'fhéidir," arsa mise "go gcuirfinn glaoch ar Mharina."

"'Ceart go leor," ar seisean, agus thapaigh an deis filleadh ar a chuid leabhar. Nuair nach bhfuair mé aon fhreagra sheansáil mé uimhir a muintire. A hathair a d'fhreagair.

"'Bhuel," ar seisean ag cur gothaí air féin, "ní fheicfidh tú Marina go ceann tamaill."

'Ní raibh a fhios agam beo céard a bhí sé ag rá.

"'Tá sí ar mhí na meala sa Róimh."

'D'fhiafraigh mé de ansin — ní ar mhaithe le comhrá ach ag súil le míniú — arbh ann a phósadar?

"'Níorbh ea," ar seisean, "ach i nGaillimh."

"'Gan mórán fógra?" arsa mise ansin.

"'Ó, níorbh shin é ar chor ar bith," ar seisean, ag cur ar son onóra a aoiníne.

"'Séard a bhí mé ag iarraidh a rá," arsa mise, ag tochailt anois, mar a deirtear, "ar bhainis bheag a bhí ann?"

"'Ní mar sin a chuirfinn é ach an oiread," ar seisean, ar cur anois ar son a fhéile féin, "bhí daoine ann ó chian agus ó chóngar. Cé tú féin?"

'Dúirt mé leis gur chairde ón gcoláiste mé féin agus Muiris, gur minic Marina ar cuairt againn. Luaigh mé go raibh buachaill beag againn. Níor dhúirt mé go raibh cailín againn freisin agus gurbh í Marina a máthair baiste.

"'Buachaill beag," ar seisean, "sea, is cuimhin liom anois

í ag caint oraibh. Inseoidh mé di go raibh sibh ag cur a tuairisce."

'Má baineadh siar asamsa, déistin amach is amach a bhí ar Mhuiris. Díomá agus gortú. Dúirt sé gur léir go raibh briste aici linn agus dá scríofadh sí go seolfadh sé a litir ar ais chuici. Dúirt mé gur ormsa a bhí an locht, gur dócha go raibh Seoirse ann agus nár mhaith léi go gcasfaí mé féin agus é féin ar a chéile, nó mé féin agus tú féin b'fhéidir.'

'Tháinig cuireadh ceart go leor,' arsa Hanna, 'ach bhí muid i Meiriceá.'

'Sea,' arsa mise, 'dúirt Dara liom é. Bhí a fhios againn go raibh tú féin agus Seoirse le tamall a chaitheamh leis san Iodáil sula ngabhfadh sibh go Meiriceá agus tar éis díomá an chomhrá le hathair Mharina ghlac misneach aisteach mé agus ghlaoigh mé ar Dhara. Bhí sé chomh cairdiúil agus a bhí ariamh. Dúirt sé nár casadh aon Éireannach air ó d'fhág sibh féin leathbhliain roimhe sin. "Ba bhreá liom scéala uaidh, ach tá's agat Seoirse," ar seisean "ní scríobhann sé litreacha." Dúirt sé go raibh tú féin tar éis scríobh agus cuireadh a thabhairt dó chun bhur mbainisne agus murach go raibh sé díreach tosaithe le comhlacht nua ag an am go rachadh sé anonn.

'"Tá siad pósta mar sin?" arsa mise leis.

'"Tá," ar seisean, "le mí nó mar sin."'

'B'shin agaibh mar sin,' arsa Hanna, 'scéal an dá phósadh in aon lá amháin, gan choinne agus ó dhaoine eile.'

B'shin éirim an scéil ceart go leor, ach leanas orm mar nár mhaith liom go gceapfadh sí nár tháinig muid tríd.

'Tá's agat,' arsa mise, 'an bealach sin atá ag Dara duine a

chuir ar a shuaimhneas, bhuel, ar seisean, go mbeadh an-fháilte romhainn teacht ar cuairt chuige i Ravenna. Nuair a d'fhiafraigh mé de arbh ar an mbaile sin a bhí Dante curtha, mheabhraigh sé dom nár chuir sé féin mórán spéise ariamh sa scríbhneoireacht, ach go raibh an ceart agam agus go ndeachaigh siad féin ag breathnú ar a thuama. Dúirt sé arís gur bhreá leis muid a fheiceáil, go ndéanfadh sé maitheas dó. "Bhfuil fhios agat," arsa mise leis, "go mb'fhéidir go ndéanfadh sé maitheas dúinn ar fad.'"

'Agus an ndeachaigh sibh ann?' arsa Hanna.

'Chuaigh,' arsa mise, 'Sa charr. Agus rinne muid turasanna eile cosúil leis blianta eile. Cor nua inár saol ab ea é agus, ag breathnú siar air, feictear dúinn gur ar an lá sin, nuair a fuaireamar scéala ár mbeirt sheanchara a bheith pósta, a tuigeadh dúinn go raibh deireadh tagtha leis an óige.'

Mar sin féin bhí an smaoineamh tagtha chugam, má bhí Seoirse leis féin arís, go b'fhéidir go dtiocfadh sé ar ais chugainne. Chuir an chaint ar Mharina agus íomhánna na scríbhneoirí, greanta i ngloine dhaite na bhfuinneog i bhforhalla na leabharlainne, an chéad oíche i gcuimhne dom. Hóiméar agus Veirgil ba ghaire don doras agus Shakespeare agus Milton, Dante agus Goethe agus eile i leathchiorcail timpeall orthu.

Arsa Hanna ansin, amhail is go raibh mo smaointe léite aici, 'Tá bean eile anois aige. Fíodóir is ea í.'

'Fíodóir?' arsa mise, 'agus is dócha go bhfuil Penelope mar ainm uirthi?'

'Fiaclóir,' ar sise. 'Molly is ainm di.'

Níor tháinig mar fhreagra chugam ach faongháire.

'Tá coinne agam inniu, faraor,' arsa Hanna, 'ach tabharfaidh mé duit ár gcárta. Glaoigh orm agus beidh comhrá ceart againn.'

'Thanks,' arsa mise, 'agus abair mé le Matt.'

'Déarfaidh,' ar sise, 'agus tabhair mo bheannacht do Mhuiris agus na gasúir.

— CRÍOCH —

BUÍOCHAS

Dóibh seo faoi deara claochluithe éagsúla i réamhshaol an leabhair:
do Bhrendan Kennelly a mhol úrscéal a bhunú ar shraith liricí a
sheolas chuige tráth, agus do Mhuiris Mac Conghail faoin tuiscint
— nuair a d'fhilleas ar an úrscéal tar éis cúpla bliain a chaitheamh
ar thionscnamh eile leisean — gur i nGaeilge a bheadh sé; do Liam
Mac Cóil agus do Ruairí Ó hUiginn a d'fhoilsigh sliocht as in
Bliainiris; do Sheán Mac Mathúna agus do Dhiarmuid Ó Gráinne
a léigh dréachta, a rinne moltaí, agus a cheadaigh píosaí léirmheasa
leo ar chlúdach an leabhair; do Dharach Ó Scolaí, a ghlac chomh
fonnmhar leis an lámhscríbhinn, a chuir comhairle orm agus a thug
an soitheach i dtír; agus do mo chompánach agus mo chéile Patrick
Quill, 'gan é níorbh ann don leabhar' — ná míle rud eile.